デス・エデュケーションのすすめ

竹下隆●著

萌書房

はじめに

死は、そのイメージについて昔から色々たとえられている。吉田兼好は、徒然草の一五五段に「死は前方から来るものではなく、後ろから迫ってくるものだ」と言った。もちろん数百年も前のことである。色々な人がその死のイメージをさらに言う。「死は前方に待っている」と思っていたら「実は前方からこちらに向かって来る」と、強調する人もいた。そこで著者は、二〇〇六年から〇七年にかけて学生数百人対象に「死のイメージ」の持ち方など、現代人の死の意識調査を実施し、〇七年秋に早稲田大学で開催された日本社会心理学会で発表した。

「死は前方に待っている」「死は前方から近づいてくる」「死は背後から迫る」「死は常に人間が背負っている」について、それぞれ七〇%、三一%、一九%、八六%の反応であったが、断然「前方に待っている意識」と「背負っている」である。今回の調査対象年齢は一九歳二〇歳に限られていたので、加齢が進んだところの変化について、さらに高齢者対象調査の実施をしなければと考えてはいるが……。

この若者の「死のイメージ」の持ち方に、さらに気になったことも付け加えた。コンピュータゲームが普及した社会で育った、現在の若者への影響はどうかについてである。コンピュータゲームで経験した技能を試したくて、コックピットに押し入りパイロットを刺殺して、実際に旅客機の操縦かんを握った少年がいたことを、新聞で見た数年前の事件以来、気になっていたからである。ゲームが現実に結ぶ行動に影響するなら、コンピュータゲームには「ゲーム中では登場人物が死んでも復活して活動する」ことが繰り返されるので、「人は一度死んでも生き返るか」という意識についてである。その影響が若い世代の殺人など犯罪につながるかという心配である。確かに「人は一度死んでも生き返る」に三一％を越える回答があった。三人に一人の割合で、若者たちは殺人に及んでも、ゲームのように何かをすれば自分も他人も再び生き返るとし、殺人に罪の意識が薄らぐことになっていないだろうか。この心配は現代の死の問題に取り組む他の学者も心配しているものであった。

今回の調査データを因子分析などで詳細分析した結果では、一度死んでも生き返るのは「家族や友人の心のなかで生き返る」や「自分と同じ遺伝子は子孫に伝わるから」など、現代科学的な知識による発想法に基づくことが強いことを見出し、少し胸をなでおろすところがあった。しかし、人のこころは自分の環境を支配する情報によって、他のどの生物より影響を受ける動物であるから、注意深くウォッチしていくことが必要だと考えている。

そういうこともあり、これまでに人間が死とどのように取り組んできたか、を多角的に覗き見るようなことに挑戦したいと考えていた。人間はどのように死を自覚し、そのことを生きることとどうつなげてきたのか。生きること自体、自分の注文を聞かずに押し付けられたと感じることもあるように、死もあくまで、偉大な力に支配される一つの事態として受け止めようとしてきたのか。そして人間は自然死や事故死のような、他の生物が遭遇する死の様相とは別に、社会的死つまり、殉教や殉死、切腹や心中など人間社会の規範の中に生じる特別な死を経験するのは、どのようなこころの働きによるものなのか。そして死を恐れることを、どのように生きるあり方に取り込んできたのか。死を生き遂げるために、死と生命の意識とを、心の中にどのように取り込んできたのかなど、人間の死のこころと生き方の探求のきっかけを、並べてみることにしたのが本書である。

ここでは、死を考え、どう生きるかということに関して、きっかけを提示するぐらいが精一杯の目標である。後は皆さんご自身でそれぞれの展開を描いていただけるように希望している。

デス・エデュケーションのすすめ＊目次

デス・エデュケーションのすすめ

第1章 死生観の成立

1 人類はどのように死を考え始めたか

人類が死について思いをはせるようになったのは、宇宙の存在と生命の存在について、自らが気のつくことになったある種の心の作用が生まれたときとされている。つまり最初は、宇宙の存在に、変化するものと変化しないものがある、ということに気がつく（認識する）というようなことに始まった。それは人類の脳の進化の過程で、周囲について知覚した事柄を「何故か」と問う機能を持った瞬間でもあった。その瞬間をきっかけに様々な知覚以上の認識事態、つまり認知を展開する極めて画期的かつ重要な事態が連続的に起こったのである。

一日の変化を太陽の動きで実感する。二九日の変化を月の満ち欠けに見る。しかしそれらは一日や二九日の変化であるにもかかわらず、繰り返され、何度でも変わらずに同じ場面を演出する。また夜の星空では、動きに違いもあるがほとんどの星は一夜のうちに位置を変える。ところが北極星だけは動かずに限りなく同じ位置に輝き続ける（南半球では南十字星だが、人類は北半球から文明を栄え始めさせたので記録は北極星が多い）ことなどに気がついた。

一方、生まれると必ず成長し、やがては生命の終息を迎えるという変化の中に、自分たち人間も置かれていることは、家族や仲間の誕生や死を体験して気がついていたのである。

エジプトの王たちが、常に一定の場所にある北極星という不変の象徴と、夜には沈んでも翌朝はまた必ず昇る太陽、また二九日もすると満ち欠けが元に戻る月、という変わらぬ象徴を目指して、ピラミッドや神殿という自分たちのモニュメントに、とある仕組みを作らせた。北極星の光と秋分や春分毎に年二回同じ角度で入射する太陽の光をピラミッドや神殿の中深くに差し込むよう設計させたのである。

そこには不変のものへの遺体の一体化を前提に建造するという意識があったのに違いない。この不変の王の記念碑ピラミッドや神殿の建設に関わった民も、その不滅の命にあやかることができると考えた。

このエジプトの王たちの計画は人間が宇宙の存在の中での、変わるものと不変のものの比較をもとに得た「変わって終わるもの」と「変わらない空間」の認識から来たものと考えていいだろう。当然この変わるものと不変のものの認識は、エジプトの王たち以前の遠い人類の歴史の中にも、時間をかけてではあったが、少しずつ人々の間に息づいてきたものには違いない。

いずれにしても、人類はまず宇宙の存在を認識するようになり、そこに変化というものの認識を得、さらにその中の不変なものの認識に至り、ついには不変なものと変化するものとの比較ができるようになって、初めて他の生き物や他人の死ではない本物の死（自分の死）の認識、つまり自分も死ぬということ（死の自覚）を、これらの思考の流れの中に、持つようになったのではなかっただろうか。しかし、変化の認識は、そのような空間にできる単純な「変わるもの」と「変わらぬもの」の違いを意識できることだけで成立したのではなかったはず。そこにはもう一つ時間の認識という、変化と不変化の根源的な認識に到達したことによる、「死の認識」への鋭い迫り方にも触れるべきであろう。

太陽は一日で一回りして、西に沈んで東から出てくる、だから「日はまた昇る」とか「朝日の出てこない日はない」などと誰もが、変わらないものの代表例にする。言い方を変えれば永遠というときの存在を、変わりゆくものとの差別化の関係において、心の働き（後には脳の働きだということが判明するが……）に認めることになった原点は、人類の周辺で最も印象深い太陽の運行であった。繰り返すが、その変わらぬものの存在と変わるものとの関係に、「元に戻る」という周期の中に「時間の認識」ももたらされたことが、大いに注目すべきところであり、人類が初めに気がついた時間の認識も、もちろんそのような空間的な「変わりゆくもの」と「変わらずにあるもの」との比較から生まれたと言っていいだろう。だから空間の認識から来た時間の認識と死の認識とは決して無関係ではなかった。どちらも知覚できる空間での変化の差の認識が原点であるからである。

つまり時間の認識には、一日経過すれば必ず昇る太陽が、さらに一年のうちに朝昇る位置を変えることに向けられた。（北半球では）寒くなる冬には東の空に、弱々しく南に限りなく振り、暑くなる夏には強い光で限りなく北に振る。そういう太陽が昇る位置の変化にも気がついた。

ピラミッドより新しいが、四〇〇〇年も前に建造されたというイギリス・ストーンヘンジの遺跡が、二〇〇五年に原寸大で同地に復元・建設された。この遺跡での太陽の捉え方は、エジプトの神殿のように年二回の、同じ位置に差す秋分と春分の日の太陽の朝日ではなかった（二〇〇七年九月二八日二一時テレビ東京放送）。復元遺跡の再現観

図1−1　ストーンヘンジ

察によると、夏至に東に昇る太陽の光と、冬至に西に沈む太陽の光線が意図的に構築物内部に差し込むように設計されていたことが分かったのである。

　これは太陽が一日の単位で毎朝昇るという、変わらぬ姿を確認するほかに、長い時間（これを一年とした）でも、また同じ位置に来ること、つまり太陽は一日の単位でも復活するほかに、一年単位でも復活することに気がついていたからである。

　変わらぬだけの北極星に対し、毎朝繰り返して現れる太陽を、そのことだけでも「復活する太陽」という認識に到達したが、さらに長いスパンの復活をも認識していたことになる。

　ストーンヘンジでは、夏至には「復活の儀式」、加えて冬至には「死の儀式（葬儀）」が行われていたというのは、人間が一日の単位で睡眠からさめ、次の日を元気に生きられるということだけでなく、長い時間では、一度死んでからも復活するチャンスを太陽の存在に求めたのではなかったか。人類は変化の中の復活の認識を通じて死を認識するようになったのである。

　時間の認識には、変わるものと変わらぬものとの比較の次には、さらに動くもの自体の観察から来る認識があったのだった。ものがある地点から次の地点まで移動する間に、自分は一呼吸も二呼吸もするという事態変化にも気がついていた。つまりもう一つの時間の経過の認識も、ものの移動による位置の変化から生まれていたのである。

認識の意識構造に何らかの違いはあるが、いずれも視覚能力による空間の認識をベースにして、時間の認識が導き出されたものである点では同じものであった。後になって、宇宙の存在を追求するための思考により、光の速度と空間から時間認識の成立を追求し、空間と時間の不可分なあり方を理論化したアインシュタイン（Einstein, A., 1879-1955）の相対性理論も、こうしてみれば、あながち突拍子もない発想であったということではなかった。

2　死生観と宇宙認識のこころ

さて、地球上における人類とてその本性は、本来自然の趣くところであり、生存の実態は他の動物と変わるところはない。もし死の自覚がなければ生の状況だけを意識しながら生きていることがすべてであった。したがって、まず自分の生きているという存在は、生き物でない存在つまり宇宙森羅万象は単なる環境だと、分けて考えたのは当然の成り行きである。ところが一方では中国にある「気」やインドの「曼荼羅」などが、人体内部の不思議な生命力と同じように、鉱物質的な宇宙にも生命の息吹というような存在を認めようとするところがあった。

鉱物質的な宇宙では、むしろその生命が死を迎えるのを見る機会はないということから、むしろ人間を宇宙との一体感でつなぐ思考によって、人間における魂の永遠性が導かれることになる。つまり鉱物質の世界に、生命的な世界と共通の息吹が通っているとする方が、生命の永続性を見つけるのに有利であるとする見方も、無視はできなかった。だからこそ植物に一年で枯れ死んでゆくものを見たり、動物や人間の死んで朽ちてゆくのを見るときは、肉体という物質の変化は認めざるをえないが、人間には特に魂というような生命の存在を認め、死については、魂の宿る一時的な物質的乗り物である肉体の、変化あるいは現象と捉えるあり方が成立し、かなり長い間定着した。

しかし、その後明らかにギリシャの哲学者たちが書き残したものを最後に、ほとんど地球上の人類の考えの上から、その認識は姿を消した。それは宇宙に存在するらしい「偉大な力」つまり、神の力の存在が、人類のものを考える発想の原点にドカッと腰を下ろすことになったからである。つまり宗教の登場であった。ほとんどの地球人の心を支配する「偉大な力」つまり神の存在を中心にすえた宗教の力が大きく支配したからだ、とする考え方が最近は有力である。

宗教が多くの人に人間の言葉で語られ、普及してゆく当初は、まだエジプト王たちの心情が残っていたに違いないが、ユダヤ教、ヒンドゥー教、仏教、キリスト教、マホメット教など現代に残る主な宗教は、多神教であれ一神教であれ、この二千数百年の中で起こり、人間を含む生命の存在や宇宙の存在自身も、基本的に「天・神」あるいは「人間の手に届かぬ存在である偉大なる力」によって支配されているとした。人間が仮に神の存在とは関係なく宇宙の神秘を追求しえたところで、それ以上の力ですべてが支配されるという信念を人間意識の上に成立させたのである。すべて宗教は、宇宙の存在すなわち時間も空間も生命も「天・神（偉大な力）」が支配していると決めつける考えの上に成立した。当然、そこに存在する人類とて同じことで、完全に「天・神（偉大な力）」に支配されるものであった。

だから人間が認識する空間や時間の存在も、生死に関する摂理も「偉大なる力に委ねる気持ち」が人間のこころの、最高あるいは最後のよりどころとなる、という共通項がすべての宗教に働いていたということになる。

このとき空間と時間と死はそれぞれ独立した概念のまま、すべては偉大な力「神の力」に支配されることになってしまったのである。

また人類の認識として、初め「偉大な力」のよりどころの原点にある問題点は、宇宙は動いているということであった。天空を動く太陽、月、星の存在である。太陽が地球を回っている知覚的理解から、地球が太陽の周りを回っている認識へと考えを変えて進めるという認識時代になっても、人類の「偉大な力」への信念、あるいは信仰の原点と言ってもいい「力の存在」は変わらずに存在し続けた。どちらが回っていようと、例えば太陽でなく地球が回っているのであっても、それらを最初に動かす作用を施すための「偉大な力」の存在がなければならなかったからである。

もちろん時間の支配についても、人類にとって抽象的な実感だけしか認識できないという点で、特に「偉大な力」の存在を頼りにするばかりであった。時間は人間がときには手に取るように理解できる空間と違って、ただただ通り過ぎてゆくのを呆然と認識するだけのものであるというのは、現在でも人類には九九％受け入れられているようだが、そこに宗教家は目をつけた。例えば、イエス（キリスト教）は「永遠の生命」という概念を持ち出し、ブッダ（仏教）は生命の輪廻説を普及させたのである。自分の存在を一〇〇％神や仏に委ねてしまえば、肉体がたとえ消滅したとしても永遠の命（こころ）は保障されると言った。ブッダは、永遠の時間を持った宇宙の存在として、その宇宙（自然）の一部である人間の肉体を自然（宇宙）に同化させてしまえば、その肉体が一度は消滅してもまた時間が経てば、次の自然の存在の中のどれかの生命に再生して登場する、常にその生命（ここでは魂）が循環するとしたのである。他の宗教にもほぼ同じような時間認識（永遠性）を持つ理解が浸透してきたと見ていいだろう。このような次第で、時間は偉大な力の支配で「永遠」に流れ続けるものとして、比較的長い時代を通して強く人間の心に定着し、現在でもその認識はあまり変わっていない。アインシュタインの「時間と空間が一体である」という認識には、どこかで人類が $E=mc^2$ の理論以外の飛躍的な宇宙認識の変化を体験するときまで待たねば

図1－2　アインシュタイン

ならないのかもしれないのである。

ところで、何故相対性理論で言う時間と空間の一致観念は現代人の理解に困難さを感じさせるのであろうか。つまり空間は厳然と眼前に存在することは誰もが実感しているが、それは時間とは別に独立しているものであり、時間はまた空間から独立して絶対的に流れてゆく抽象的な存在であるという感覚の方が、何故なじみやすいものとなっているのだろうか。この疑問はどうしても残ることになる。

先に述べたことと重複するが、少し整理してみよう。

同じ時空の一致概念であっても、初め人類が気のついた変わらぬものと変わるものの分別認識から来るものと、アインシュタインの宇宙の存在のあり方分析の理論によるものとの間には、例えばエジプト王たちの時代からアインシュタインまでの間に、それなりに進展する人類の知的能力の進展に加え、ここでも大きく浸透した宗教支配の理論があったとするのは間違っていないだろう。アインシュタインさえも、彼自身「神の作った宇宙の秘密を解き明かすのが目標」と言っているところにも、その傾向を見ることができる。

だから死の認識も一時的に時間と空間の認識から独立した、別の認識のあり方に誘導される、大きな制約条件があったとする論調の存在があったことについて、最近一般的になったもの、やはりそれは宗教の存在である、ということに注目しなければならない。つまり空間をも、時間をも、死をも、宇宙をもすべてを支配する偉大な存在を大前提にする宗教という、こころのヴェールが人類を覆ったからというものである。それは期せずして、その古代エジプト王までの時代とアインシュタインの時代に挟まれて登場した。もちろんアインシュタインの前にはコペルニクスやニュートン、そしてデカルトなど近代科学的な発想も「偉大な力」に一つの挑戦をする。さらには最近のジェームズ・ラヴロック（Lovelock. J.. 1919-）の「ガイヤ理論」（一九七九年）などのような、鉱物質の宇宙に心を想定する理論も登場した。これはエジプト、ギリシャ時代への発想回帰的現象を見ることがある時代、ともなったという事実の一つである。
人類の「死の認識」理論には、いまだ結論がないことの証であろうか。

3　死生観追求の変遷――死を人間が支配する

さて現在の死生観の流れの問題点だが、宇宙を動かす力はどこかで誰かが働かせた、という宗教の持つ大きなよりどころが否定されることに始まったということについてである。「偉大な力」の働きがなくても、物質の存在そのものだけでモノが動く力が生まれるという、あのニュートン（Newton, I., 1642–1727）の万有引力の法則発見は人類にとって一大事件となった。宇宙を動かす力の存在を、宇宙の物質的存在だけで解決してしまったのである。そしていまや、大宇宙がビッグバンによって生まれた現代の宇宙理論では、なお生まれた後成長成熟してから、ある一定の状態に止まってしまえば、いずれ物質の存在同士の力の原理（万有引力の法則）で宇宙が収縮、一つの星に凝縮されてしまう可能性も想定できる。宇宙はそれを防止するため、万有引力に匹敵するか、あるいは少々超える力が拡大の方向に働き続けている（宇宙は拡大している）というエドウィン・ハッブル（Hubble, Edwin P., 1889–1953）の発見（ハッブル効果：一九二〇年代後半）は、宇宙の存在のさらなる精巧さを人類に認識させるに至っている。

これらのことを、古くから「偉大な力」の存在で宇宙を見てきた宗教

図1－3　宇宙のイメージ

家は、神を否定する現代科学の結果とはしていない。だからこそハッブルの言うような、精巧さを支配する神を持ち出す宗教的発想を取り下げることなく、「偉大な力」の存在を言い続けているのである。

一方では「偉大な力が」時間をも空間をもそれぞれに支配していたのではなく、時間が空間から切り離された存在でないことをアインシュタインが提唱したことには、誰も反論を言うことがない時代を迎えていることも否定しがたくなってはいる。しかし人類のほとんどは逆に、否定はしないがアインシュタインの思考、理解、認識に追いつけないまま、時間は独立して「永遠に流れ続けるもの」として認識する場面を多く持つと言ってよいだろう。

現在のところ人間は、生命が誕生し消滅することは、大宇宙の中の生命存在の自然な現象の一つであり、それが繰り返されるという生命の鎖システムは、人間以外のあらゆる生物にも働いていることを認識している。しかし個体が消滅すれば永遠の生命もそこには存在しない。生命が活動していた個体の生存時間内に限られ、こころは存在したが、肉体が消滅すればとりあえずは「こころ」も消滅するという認識が普及しつつあるように見えるところもある。

もちろんまだまだ、宇宙の存在には、生命の存在とその行く末ともあわせて、「偉大な力」の働きをさらに認めて人間としての追求をやめることはないであろうが、時間と空間の一致も次第に受け入れられることが考えられるように、生命とこころの一致が小さな一つのまとまりとして理解される傾向も感じられる。それらのことはそれほど異論のない状態になるのも、時間はかからないと言ってよさそうである。

このように時間の認識が、死の認識に連動している人類の存在に関する理解の流れでは、空間の自然観察的に得た知識をベースに始まった、多神教的な古代的時間や死の認識時代、つまりエジプト、ギリシャなどの文明がまず確立されていた。その次にはまた宗教発想の、この宇宙はただ一つ、あるいは唯一の「偉大な力」による大きな支配力で成立するという、言わば支配者ありの宇宙の神秘性追求時代を通過したことも事実である。

ところがニュートンらの宇宙認識の展開は再び、宇宙を動かし支配する「神の力」を否定するものとなり、「偉大な力」の影が薄らぐ方向に向かった。つまり、空間や時間や生命の変化（死）を「偉大な力」から取り上げる役割を果たそうとしたことになるのである。さらにはこの時代には、デカルト（Decartes, R., 1596-1650）によって、哲学的認識の角度から見れば、「私は疑う、そこで私は考える、だから私は存在する」という認識法を自己存在の基盤として提唱したときに、生命の存在を「偉大な力」抜きの一般的な理論で証明することが実現し、現代人の思考方法へのエポックを作った。その流れを汲むショーペンハウエル（Schopenhauer, A., 1788-1860）は、宇宙存在の思考方法を、神から人間の手に取り上げるだけではなく、「偉大な力」の前には「委ねる」意識以外の方法を取りえなかった人間の死のあり方についても、人間の手に取り上げる挑戦をしたものと見られるのである。

彼は、主著である『意思と表象としての世界』（一八一九年）の補遺として晩年に書いた『パレルガ・ウント・パラリポーメナ』（一八五一年）に、それまでの宗教の力の前では、タブーとされてきた「自殺について」述べている。そこでは「……死は個体の終末なのである。ほかならぬこの個体の死を我々は個体がまったく失われてしまったという感情のもとに、かくも嘆いているのであるが、もともと個体は単なる（物質の）結びつきに過ぎなかったのであるから、それは取り返す術もなしに過ぎ去ってゆくものなのである」。さらに「……死は我々にあまりにも必要な避難場所であって、坊主どもの命令などで我々から取り去られるものではない」とまで言って、神という「偉大な力」であらゆるものの理解追求しようとする考えをストップさせ、これまでの宗教家の意図を非難した。

これは現代に至る死生観の成立に影響を与える一つの明らかな認識となっているとしてよいだろう。この現代的死生観には、先に述べた代表的な宗教観を飛び越えて古代エジプトやギリシャの哲学にまで遡ることの多さは、注目に値するところがある。つまり、偉大な力が生から死に至るすべてを支配するとした時代直前の、エジプトやギリシャなどにはびこっていた時代の死生観が、大きな影響をもたらしていることである。これは、ショーペンハウ

図１－４　自らの死のため、毒を飲むソクラテス

（出所）世界の歴史『ギリシャ』河出書房，1968年。

エルも盛んにエジプトやギリシャの記述を紐解いては自分の論理の正当性を裏づけようとしたことでもよくわかる。宗教が普及したエポックを打ち消しそれ以前に回帰する思考方法を重視したのである。

改めて、ソクラテスの哲学的展開を学んだ現代的な死生観の成立過程を、ショーペンハウエルの中に見てみよう。明らかにデカルトの流れを汲むと自称するショーペンハウエルは「偉大な力」に操られたとされる人間や宇宙全体の存在には否定的である。まず次の一文に注目する。「『世界はわが表象である』という私の第一命題からして、さしあたり次の帰結がでて来る。『最初にあるのはわれで、それから世界はあるのだ』思うにこのことは死を破滅と混同することに対抗する解毒剤としておくべきだろう」（ショーペンハウエル「自殺について」斉藤信治訳）としているところである。

さらに「生は夢なのであって、死はまた目覚めである」、「死はわれわれにとってまったく新しい見慣れぬ状態への移行とみなすべきではなく、むしろそれはもともと我々のものであった根源的な状態への復帰にほかならならぬものと考えられるべきものなのである」とまで言っている。

ここまではまだ、いくらか宗教的帰結点（例えば仏教の輪廻論のような……）に近いものに基づいた発想のように思えてくる。そして彼自身「私の理論はユダヤ教に帰着し、これが本当のキリスト教哲学である」とさえ言って

いるのも気になるところである。それでもなお、つまりキリスト教的だと主張する理論の成立を謳いながら、ショーペンハウエルの死生観は「偉大な力」に身を委ねることを拒否するところに置かれ、言わば宗教性を超えているか、否定しているところが認められる。そこに現代につながる「偉大な力」から独立した宇宙観の基本があると見てもよいのではないだろうか。

二千数百年ばかり人類の心を優先的に支配してきた「偉大な力」を踏み越えて、つまりいわゆる宗教観を飛び越えギリシャ時代の発想や思想に戻るような仕方で、人間が自由に選ぶことができる「死の時」を提唱しているのだ。

人類の「死の認識」は、宇宙観察により、変化するものと変化しないものとの存在認識から得たものに始まり、現代ほどではないが、かなりのレベルで「死を人間が管理できる事態」として捉える時代を経て、その後には森羅万象・宇宙のすべては「偉大な力」に支配されるものであり、「死」も当然「偉大な力」の計画通りに遂行され、人間の意図によっては何事も管理すべきではないという意識の長い時代を越えて来た。

しかしちょうど、産業革命と並行するような流れで人類は「死」を自分の支配下に置くかのように、人間行動の発想原理、人間の持つことができるすべての自由の一つに、「死」をも自分で選べる自由の対象として入れたい（まだ偉大な力は働いているが……）という方向に向かっていると言ってよいだろう。

宗教優勢時代の長い期間は「死」を人間の管理対象から外す、言わばタブー視することにしてきたのだが、現代ではもう一度「死」を、自分が管理する権利として得られないかとする、理論上の根拠を追求している最中だと言ってよい時代になったのではないか。

現代では「自然が人間に与えてくれたあらゆる賜物の中で、時宜を得た死ということに勝るものはない。最上のことは誰もが自分自身で死のときを選ぶことができるのだ」というソクラテス時代の自殺推奨論にまで回帰し、それを否定しきれない時代に至ったのである。

つまるところ「死の思想」と言われたソクラテスの哲学、「人間がなぜ生じ、なぜ滅し、なぜ存在するか」という認識に関する根源的な思考を、「肉体（個体）がその存在を消滅させても魂は永遠に生き続ける」という解釈の仕方で、結論づけをしたあたりに戻って、現代人の「死の認識」の基本が、改めて定着することになったというのは言いすぎであろうか。

これはギリシャ以前の風潮として理解されていたものと、実は同じものである。それでもなお現在はその後の「偉大な力」を背後に感じながら、人間の存在を膨大な宇宙時空の中に求め、一方では物質の根源を、ナノの単位で計算するような微小の世界をはるかに超える想像（あるいは想定）の世界で、人間自身の存在の意味を思考し続けている。そこに死の意味も浮かび上らせようとしていると言ってよい。

4　生後どれぐらいで死の認識が生まれるか――人の心の発達

以上のように人類はこの宇宙の、とあるプラネット（地球）の上で自らの能力を使い、知恵を積み重ねて宇宙の有り様、また自分自身の存在意味などを、次第に誰もが納得できる理論（理屈）のもとに置く方向に向かって、様々な手法を身につけてきた。死の認識の仕方においてもその歴史的展開は同じように変化し、ある意味での認識の深さは積み重ねられてきたと言えるだろう。

この人類がたどった同じような道を、人は生まれそして死を迎えることになるまでの一生の間に、その人類の歴史を圧縮したように、経験してゆくことになる。つまり人間は、生まれたときはあらゆる認識が、まったくゼロに等しい状態で乳児期や幼時の世界を経過することになっている。生まれたばかりの時期には他の動物の知覚能力以下の場面も考えられるほどであることは発達心理学の証明するところである。かつて成人となった大人が、周りの自然や夜空（宇宙）の認識を、ただ生き延びるためだけに活用していたように、子供は第一の記憶（遺伝的に与えられる記憶）に従って、ホメオスタシスなどの肉体内に仕組まれた動機づけ由来の行動原理をベースに、ほとんど動物的な生き方をしているとするのは誰もが認めるところである。そして児童期から青年期を通して、人類の知恵の蓄積にかけた道のりを、ほぼそのプロセスにしたがっているような流れで体得してゆくことになる。

まず無意識を発見したフロイト（Freud, S., 1856-1939）に対して、意識を発見したと言われるピアジェ（Piaget, J., 1896-1980）の「児童の言語と思考」研究成果はそれを支持している。ピアジェの「認識論」のための心理学では、初め「怖いから逃げる」のではなく、「逃げるから怖いのである」という、感情のジェームズ‐ランゲ説（James, W & Lange, C.G. 1890）に近い「感覚運動的行動」から、弁証法的に論理矛盾の議論を、展開するような高度な認識まで、どういうプロセスで「発展」していくかをたどっているのだが、それは「均衡の拡大」であるとしている。心の活動が起こると一旦は均衡が破れるが、次に均衡化の欲求が起こり新しく拡大された均衡をもたらす。その繰り返しが発達（こころの発達）であると言う。つまり発達するということは「認知的均衡の拡大」だとするのである。したがって「死の認識」もその途上に成立することになる。その中で「自己中心性」という用語を使って子供がどのように自己を認識してゆくかを指摘する理論には、反論もあったが最近では教育論的にも無視できない機運が強い。

前述のフロイトやほかの学者、エリクソン（Erikson, E. H., 1902-1994）やゲゼル（Gesell, A. L., 1880-1961）らが挙げる発達の段階説に見る「子供から大人への」展開期は、呼び名こそ違えほとんど同じように一〇歳代を境としているところに注目したい。エリクソンでは例えば、「人のマネをし、自分の思い通りにやる」という遊技期と「モノを一緒に作る」という学齢期（六歳～一二・五歳：課題意識の時期）に続く青年期を「自分自身であることを認識し、それを共有する」時期としている（一二・五歳～一八・九歳：アイデンティティとその拡散の時期）。つまり、青年期は自己認識が確立され、社会的意識である仲間集団やリーダーシップのモデルなどがこころに成立されることへの転換期なのである。

死の認識はこの転換期に、かなりしっかりと確立されるものと考えてよいだろう。理由はエリクソンの段階説の発達レベルの設定でゆけば、自己認識の確立と社会的意識の確立にポイントを合わせてみることができる。他人の死を知覚することができることに終わるのでなく、自分自身の死を認識するところに、いわゆる「死の自覚」があるはずだからである。さらにそれは自分のアイデンティティが社会的存在の中にあるという社会性の成立にも関係するものでもある。

不思議な一致は、二〇〇六年一〇月一一日に福岡県筑前町の町立三輪中学二年（一三歳）がいじめを受けたという遺書を残して自殺し、一〇月一九日に文部科学省が緊急会議を開き、都道府県や政令指定都市教委の生徒指導担当者を集め、いじめに関する指導体制の総点検にまで発展した「いじめ自殺」の新聞記事にも現れている。その記事「いじめ隠すな」（『朝日新聞』二〇〇六年一〇月二〇日）には、八六年に東京・中野区で中学二年生（当時一三歳）や九四年に愛知県の中学二年生（当時一三歳）のいじめを苦にした自殺にも触れているが、すべて自殺者は一三歳であった。遺書に語る「こんなだめな私を許して」という親への語りかけは、明らかに社会的意識を持つ中で、自分の命の終焉を意識できていた死であったと見られる。彼らの死は明らかに、心理学者が追求してきた自己認識の確立期に一致したところに位置しているのである。

もちろん一三歳以前にも見られる自殺もあるので、自殺という自己攻撃は必ずしも「死の認識」がこころに成立するようになったことだけ、に基づくものではないという考えもある。例えばハーロー夫妻の研究（Harlow, H. F. & M. K. “Social Deprivation in Monkeys,” *Scientific American*, 1962）のように自己攻撃が意図的な自傷行為として動物にさえ認められることも報告されている。「死の認識」以前の問題として自殺もありうるという理論である。一三歳の自殺には、ひょっとすると「死の認識」に至らないが、「自己の認識」が周囲の環境との関係で理解されているレベルに達していただけであり、その孤立した自己環境を乗り切れないストレス状況が、彼らをパニックに陥れたものであったという考え方も成立するのかもしれない。つまり「死の認識」の前の段階に「自己認識」だけの成立が先行していて、「一度死ねばもう二度とそこに自己は存在しない」などという、本来の死の意味を認識しないまま、何かからの逃避行動として自殺という行動に移ったという可能性もある。しかし一三歳ごろに集中して始まることや、これから述べる他の「人間の発達理論」を合わせて見ると、現代的な社会では少なくともこのころに「死の自覚」があると想定せざるをえない。もし「死の自覚」を抜きにした中学生の自殺を前提にしても、同じような年齢に集中した現象を見る限り、「死の認識」の成立がこのころであることに異論を唱えることには意味がないからである。

図1－5　ジャクソンとスキャモンの成長曲線

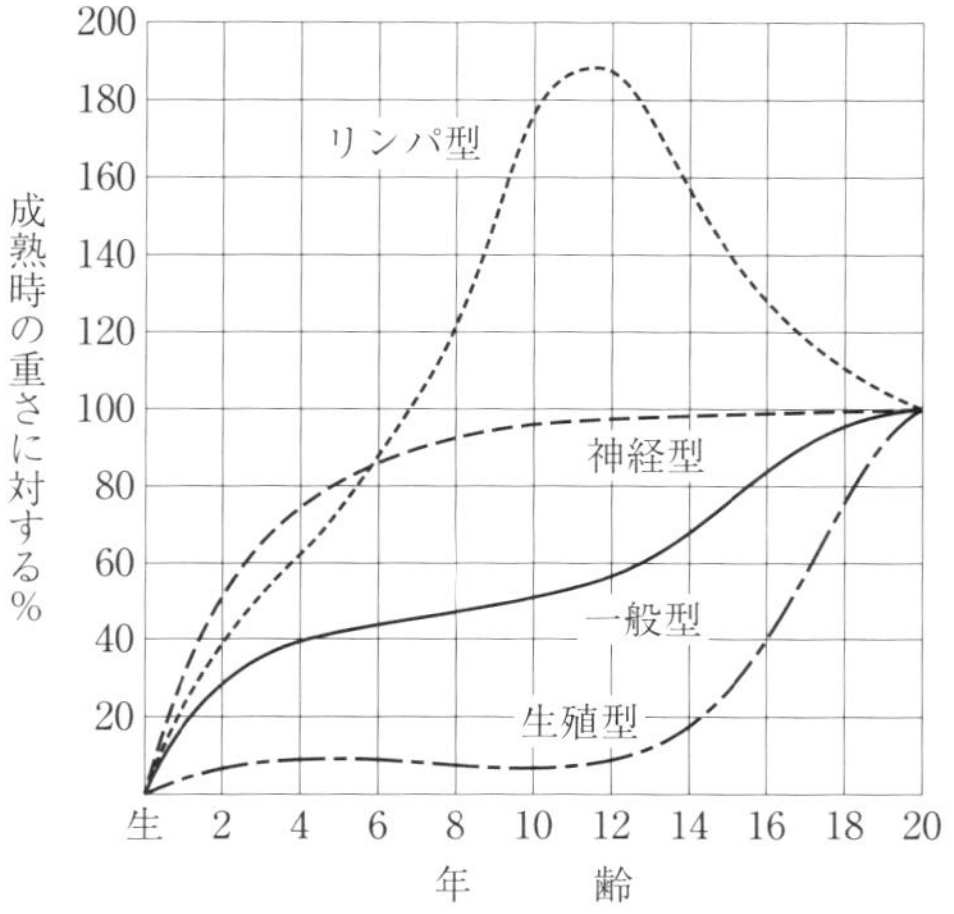

この理論的根拠となる心理学が追求してきた痕跡の例を二つ挙げておきたい。一つはジャクソンとスキャモンが発表した人間の成長曲線（Jackson J.H. & Scammon. R.E. 1923）、この曲線で見ても一三歳前後には発達の曲がり角を見ることができる。脳（神経型）はこのころすでに成熟レベルに達し、第二次性徴の性的器官（生殖型）が立ち上がりを見せ、ホルモン系機能が大変化を起こす時期である。発達の変革期と言うべきときが一三歳前後なのである。二つ目はエリクソンの発達段階説である。いわゆる学齢期から青年期に移る時期に、こころの発達が大きく展開し、自己認識展開の位置づけも見えてくることになる、という感覚で捉える

ことに根拠を求めるというものである。

この二点で、人間の一生で死を認識し始める時期がぼんやりと見えてきたようである。ただ人間の成長物語は人類の発達、進化の歴史を圧縮したものとは一〇〇％一致させられないのは、人間にとって宇宙がある意味で半永久的存在であるのに、個体が短期間で必ず現実の世界から消滅することである。つまり二〇歳までの成長時期を頂点として、確保した能力の多くは衰退方向に向かう現象下に曝される。その中で死の自覚という能力は、むしろ生涯発達する能力として、その死自体を迎えるまで進展し続けることを、どう理解したらいいだろうか。もし、人の一生の死の認識のプロセスは人類の死の認識の歴史の圧縮図と見立てることができるなら、人類の存在の歴史にも、衰退するものと、継続展開するものがあるということになる。

キャッテル（Cattell, R. B. 1905–1998）は、文化を理解するような生涯進展を続ける能力を結晶性能力とし、運動能力を中心とする反応感覚的能力のようなものを流動性能力と呼んで、区別していた。つまり人間の能力は、肉体的には朽ちていくが、思考能力の中には生涯発達するものが存在し、「死の自覚」もその能力で確立させてゆくとしたことには大きな意味がある。

死の自覚は、このようにフロイト、エリクソン、ピアジェら先人の理論展開など、心理学的なアプローチでかなり明瞭に説明されてきた。エリクソンの発達段階説でも見られるように、一三歳前後の「死の認識」は、自己認識成立の中に生まれていることが分かる。その後の個人差の大きいこともまた説明されてはいるが、人間は多様なこころの働きを伴って、現実に死を迎えるまで生涯展開のプロセスを踏むことになる。

なお、ここでは人類が死を何故自覚しなければならなかったかというより、死の自覚はむしろ、自己を認識することへの道の上に、自然発生的に成立してきたことを論じたことに留め置きたい。後は章を追って、多角的に死の行動と人間の関係を眺め、「何故」を読者の自主的な理解で摑んでいただけることに期待したい。

第2章

死とこころの防衛機制——生との対決

1　生きようとする生命の力学的基盤と死

人間は生きよう、生きようとする存在として、地球上にまた宇宙に生存する生物である。たった二つの細胞、精子と卵子が結合した瞬間から、人間という生物としての成体になるまで、肉体的な発達システムに不具合が起こらない限り細胞分裂が繰り返され、不可逆的に成長発達を遂げる。この肉体的な発達が行き着いても、いわゆる精神的な存在としての発達が続くことも、人類は自ら認識するようになった。心理学で言う流動性能力と結晶性能力の発達理解である。

流動的能力と結晶性能力はそれぞれが独立して発達するものではなく、それぞれ関係を持ちながら発達するものでもある。つまり肉体的発達が進行する中で、人間としての様々な能力、それは知覚や記憶、学習や言語・思考などのほか、人間を行動に駆り立てる原動力となる動機や感情などを獲得してゆくことになる。肉体的発達と精神的発達は相互に絡み合わせられながら獲得されるものでもある。

またこの行動の原動力となる動機の最も基本的な原点（動因）は、最初に述べたように、生物としてこの宇宙に登場する個体となったときに始まる生物学的動因である。これは一九三二年にアメリカの生理学者キャノン（Cannon. W. B. 1871-1945）が提唱したホメオスタシス（Homeostasis）という概念で有名である。生きよう、生きようとする生物の仕組みにつながる基本的概念である。生きようとする仕組み、つまり人間という生体を維持するために、ある一定の温度や湿度、また食物や酸素、休息や睡眠が保持されなければならない。例えば四〇℃を超えるような環境下に長時間置かれるようなことになると、体温を一定に保つ（ここでは下げる）ために、水を飲む行動を起こそうとする、また水を頭からかぶったりするような行動に出るかもしれない。一定の温度内に自分の環境を確保するためその異常事態から逃れようとする行動に移る。どれが欠けてもそれを補ったり、確保しようとする行動が発動される。生命を維持する一定の生理的均衡に復元しようとする過程をキャノンはホメオスタシスと呼び、人間の行動の原点は、このような肉体的内部環境や外部環境に対応する内部からの動機に裏づけられる機能が働くとしたのである。

ヤング（Young. P. T. 1963）は、さらに生命維持のため食物を摂る行動を起こすための動因としてではなく、無意識に生物がその個体に必要な栄養をも選択して摂る行動に出ることをねずみで実験、証明している。**図2－1**のように各種栄養素の入った食物と水分を別々の容器から自由に選ばせ、摂取量を細かく記録すると、それは栄養学的に算出されたものによく一致することを証明した。

したがって、本来人間を含む動物は生きよう、生きようとするものとして設定され、人間という生体はだから、この宇宙にそのように登場していることに異論のある人は少ない。地球上に存在する生物としては、人間も他の生物もまったく同じであり、死ぬという方向に向かった動機は、その生体には本来認められるものではないはずである。つまり発達する生物の能力開発システムの延長線上には、基本的には、「死の自覚的動機」や「死の受容」は設定されていなかったのである。しかし、人間は自らを「死に追いやり」「死を受け入れる」だけではなく「死を美化し」「死に意味を持たせる」など多様な「死の行動」を展開する場合もある社会的存在となったのは、なぜ、どのようにだったのかと問わなければならないが、それは後の章を当てて段階的にわかりやすく分析してみたい。

ここではさらに、生きようとする生体の基本的存在システムの問題点を追求しておこう。ホメオスタシスの周辺に存在する生体システムの原理のようなものを見てみよう。

一つはアタッチメントの理論という比較行動学から出てきた興味深い問題意識である。キャノンがホメオスタシスを提唱して三〇年近く経った一九五九年に比較行動学者のハーロー（Harlow, H. F. 1905-1981）が実験結果で出した結論である。ハーローは生まれて間もない子ザルを親から引き離し、二つの人工の代理母で育てる実験をしたという（**図2-2**）。一つはやわらかい布地で覆った布地母親、もう一つは針金で作った針金母親の二体を置いた部屋でその子猿を飼育した。授乳は針金の母親からだけ与えられたが、小猿は授乳時間以外は布地母親に抱きついて過ごす時間が多いという結果を得た。つまり、空腹になるという肉体的不均衡を授乳で復元

図2-1　ヤングのカフェテリア実験

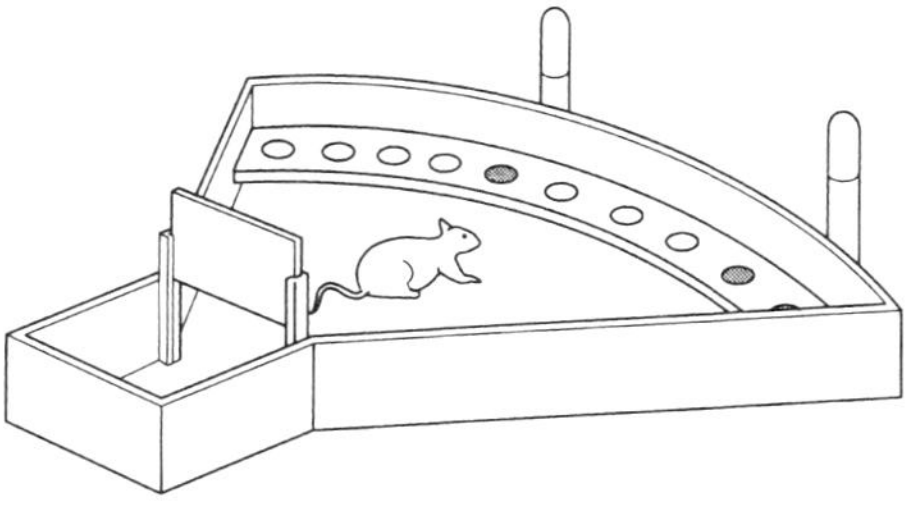

（出所）Young, P. T., *Motivation of Behavior, the Fundamental Determinants of Human and Animal Activity*, Wiley, 1963.

図2－2　人工の代理母親で育てる実験

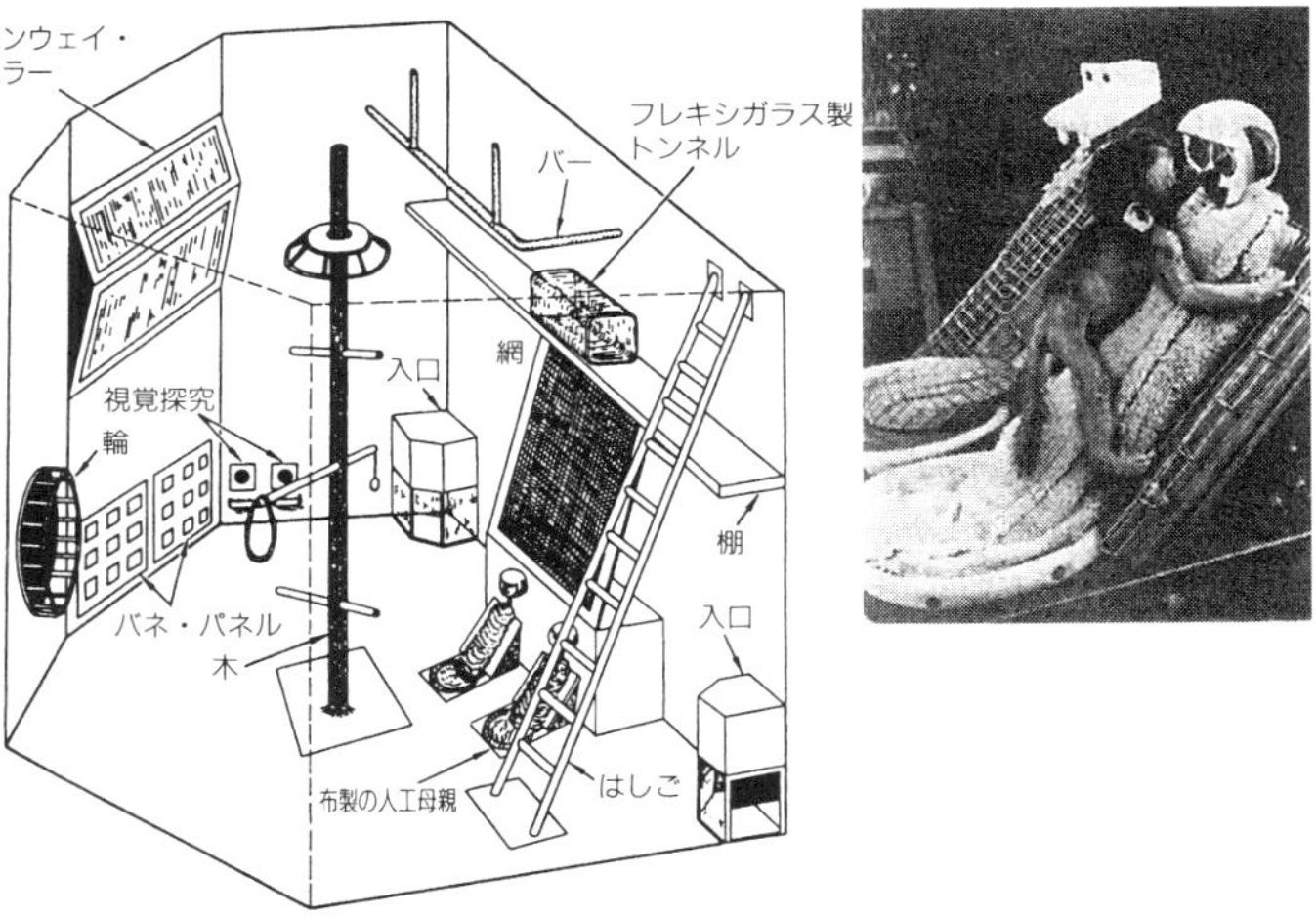

（出所）『人間・この未知なるもの』ダイヤモンドタイム社，1974年。神谷育司『心理学』福村出版，1996年。

するというホメオスタシスに基づく行為が、母親への思いには直結することなく、接触的心地よさだけが取り柄の、母親のようなやわらかい布地母親に抱きついていた。これは何を意味していたかというところに、ハーローは「愛着行動（アタッチメント）」という概念を提唱し、ホメオスタシスから独立した、行動への動因を設定したのである。後にイギリスの児童精神分析学者ボルヴィ（Bolvee, J. M., 1907-）が人間にも「愛着行動」と呼ぶべき動因を発見し、その存在は幼時の発達心理学の応用分野では人間行動の動機づけに欠かせない理論となっている。これは肉体的な一定条件を保持するための復元システムだけが、生きよう、生きようとする人間存在に設定されている動機づけなのではなく、ほかにも生きようとする原動力となる動機への道があるという理解としてよいだろう。

　人間の発達がさらに進むと、これらの基本的復元原理に基づく色々な動因が重なって、起こす行動の心の様相をさらに複雑にしてゆく。つまりこれらの一定条件を確保するために達成しなければならない行動が阻止されて起こる、欲求不満の状態となるか、あるいは時間的には少し遅れても、こころの均衡が復元される場合を除いて、復元されなかった条件の積み重ねが続くことも考えられる。そういう事態が進行するときには、内から起こる欲求（動因）を均衡状態に持ってゆくための行動によって解消されない場合でも、つまり内的動因が行動（例えば体の水分の不均衡を解消するための水を飲むという行動など）で満足な状況を得られない場合でさえも、発達レベルが児童期ぐらいまで上がっていれば、精神的処理（心の働き）だけで欲求不満を解消する方法を講じることができるようになる。それは心理学的に認められるこころの処理対応で、自我の防衛機制理論と言われるものである。

防衛機制の理論は、生体を死の条件からできる限り遠く離す、つまり心の病気（欲求不満の累積でできてくるこころの状態）への抵抗システムの成立を意味するものとすれば分かりやすい。不満をほかの得意なことを堪能することで補う、という心の設定で解消したり、本来の心情とは逆の態度で自らの危機的願望を逸らすようにする心の設定などがあり、それらを意識的に実現するのではなく、無意識のうちに行う「こころの働き」が理論的に認められるようになった。前者の心の働きを「補償」と呼び、後者を「反動形成」と呼ぶ。

これらのようなこころの働きをアドラー（Adler, A., 1870-1937）は「自我の防衛機制」という理論に仕立て上げ、精神病理学や心理学で認められるようになっているものである。すべて精神的健康を目指す「こころの働き」として、生きよう、生きようとする生存のための精神的復元力の理論と見ることができる。

おそらく、人間以外の生物にも一〇〇%認めてもよいと考えられる、生きよう生きようとする肉体的健康システムが、より複雑化した脳システムを持った人類には、それにはそれなりの、さらに複雑化した精神的健康システムが成立していると見ることができる。現代科学の理解として間違いのない重要ポイントである。

2　死のうとするこころと行動の理論

では、生きようとする肉体的発達を背負って——いや、これはむしろ人間以外の生物の存在の仕方が、それを超えるものではないところに問題意識を移した方がよいのかもしれないが——、人間はなぜ自分や他人の死を目標とするような行動に移るようになったのかを考えてみなければならなくなる。死に向かう行動として見なされるものの一つは、自らの死、つまり自殺である。あるいは相手を伴っての心中もある。また殺人、それも個人的な心の働きから来る個人を狙った殺人だけではなく、仲間意識をベースにした戦い、つまり戦争だって人類はやめたことはない。これら自分あるいは他者の死に関連する行動への動因（動機）とはいったい何なのだろうか。

初めフロイトは人間の欲望の原点を、主として生きようとするエネルギー（リビドー）に置き、性本能と自我ないし自己保存本能に人間行動とこころの理論構築を目指していた。そこでは、性本能は当然自己保存、種族保存の欲動であり、攻撃欲動さえ自己を守り維持する自我本能の一部とする考えに統一されているようであった。攻撃欲動は自己と外界との関係、対象関係を持つ機能の一つとされていた。すなわち攻撃欲動は性的対象を支配するばかりではなく、彼を取り巻く外部の対象を支配する機能として扱われたのである。

その後、動物学者や比較行動学者らの研究によって、人間以外の生物の攻撃性にも目が向けられた。モリス（Morris, D., 1969）の研究では、サルの攻撃には「テリトリーの確立」や「順位制の確立」が目的であったが、人類はその進化途上に「家族保全のため」という攻撃のこころの成立を持ったという考えを提唱した。いずれも「自己保存本能」や「種族保存本能」のための「闘争本能」であって、自己あるいは他者を殺害することが目的となる理論が成立するレベルでの観察結果ではなかった。当然生きようとする本能に集約される理論の上に立っていた。しかも動物には殺害への行動を抑制する儀式の存在、例えば「転位行動」などを持っていることの発見にもつながったのである。

ティンバーゲン（Tinbergen. N., 1907–1988）は、攻撃欲動などの本能行動が亢進しても満足が得られない場合、突然穴掘り（営巣）とか地面つつき（摂食）など、状況とは無関係な本能行動に移る（これを転位行動と呼ぶ）ことなど、興味深い研究観察を報告した「転位行動の研究」がある。そのほとんどは先に述べたように、攻撃欲動が「生き続けようとする」生物のエネルギーの発露として理解されるものが多く、攻撃欲動が「生きるため以外」に意味を持つものではなかった。

ところが人間には人間以外の動物たちと違っていることに注目する研究も数多い。福島章（一九三六―）が「ヒトは相手が死に至るまで、ときには考えうる最も残忍な方法で殺戮する才能を持つ種である」というように、人類だけは他の動物と違って、攻撃本能に同種の動物（人間）に向ける殺害行動を止める「攻撃抑制システム」を働かせる機能を持たないこともあることをベースに理論展開をしていることは重要であろう。人間以外の動物には、どうも同種の動物との闘争には必ず敗北のサインが存在していて、決して相互に見過ごすことはないとされている。さらに、動物の攻撃には、歯でかむとか、角で突くとか自分の持つ武器を活用するが、人間は手足を使う。手はそれ自身が武器であると同時に、手がもっと効果的な武器を掴んで使用する。それで相手への攻撃距離は飛躍的に拡大するだけでなく、人間の攻撃行

図2－3　フロイト

動は残忍さを増大させてきたと言っているのである。

しかし、その残忍さのこころの設定が宇宙的に他の生物と違って、特殊なあり方で成熟成立することだけが、自殺や殺人のこころを説明するわけではない。特に手を使う道を進んだ人類のあり方などを前提にしても、そのようなことで残忍な攻撃様相の実態が進化の結果であると結論づけられたことはまだないのである。では、自殺や殺人という、生物の存続基本である「生き続けるための機能」に反するように見られる事態が、何故、人類の標榜している「殺しのない、平和な生活と社会」というこころの存在にも反して、人間のこころに存在し続け、その行動を(分かってはいるが……)繰り返しているのであろうか。別の角度から先人の考えを見なければならない。

攻撃欲動も自己保全、種の保存などの理論的よりどころである、としていたあのフロイトが晩年、「人間の欲動すなわち本能は性的欲動と攻撃的欲動の二つである」としたのである。つまり、「生き続けようとする本能」の分析を中心に、人間の心と行動の理解に迫っていたのに対し、「死に向かう心と行動」の研究とを別立てとする考えを持ったことになる。攻撃性あるいは攻撃の欲動を「死の欲動」として独立させたのである。

これで人間の「死の認識」とは、生きていこうとする途上、宇宙の認識や自己認識の成立途上に付属的に浮かび上がってくるものではなく、死のうとするこころが本能的(欲動的)に人間に働きかけてくるという、この宇宙のシステムに独立して存在する理論への挑戦だったということになる。この考えでゆくと、生と死はそれぞれ独立したものとして、人類の前に立ちはだかっているのである。

フロイトの理論は新しくなった。「死の欲動(攻撃的欲動、あるいは破壊の欲動)とは、統一を破壊させ、事物を破壊し、生あるものを死に至らしめる欲動である」と言ったのである。破壊や死を目的とする、すなわち生を打ち消すこころと行動の正当性(それでは生の存続が正当化できないから)などは、認められるはずがなかったところへ、死の欲動という独立因子をぶち込んできたのである。フロイトというタイトルの著書の中で鈴村金弥(一九二八一）は、次のように紹介している。

性的欲動とは言わば自己保存・種族保存の欲動であり、エロスの欲動である。そしてこのエロスの欲動を揺り動かすその原動力、その心的なエネルギーを、彼は特に「リビドー」と名づけた。これに対して、死の欲動（攻撃的欲動、あるいは破壊の欲動）とは、彼の言葉を借りれば、「統一を破壊させ、事物を破壊し、生あるものを死に至らしめる欲動」である。そして、コレはエロスの欲動に対立するものであり、攻撃的本能が自己に帰ったものである。

その後、ギレスピーが「攻撃性は性本能に匹敵す本能である」という仮説を立て、晩年のフロイトを支持するような論文（Gillespie. W. H.. "Aggression and Instinct Theory." 1971）を発表している。フロイトの、人間には生きようとする本能とは別に、死のうとするあるいは死なせようとする本能の存在、を認めようとする仮説をギレスピーも立てたのである。

しかし、この「死の欲動」の存在ついては、理論的追求は、その後非難こそあれ、追従するものは少なく、いまだに強い「死の欲動」理論は登場していない。フロイト自身もこの「死の欲動」仮説の提唱後一〇年以上は生きたが、「生の欲動（性本能）と死の欲動の二つは、人間の正常な行動においても、また異常な行動においても、必ずしも等しい量ではないが常に共存して参加している。例えばどんなに優しい愛の行動であっても、必ずその中にはある程度の攻撃的欲動を無意識のうちに満足させるような要素が含まれているのである」という程度の説明に留まるような理論しか残していないのである。

現代科学社会では、結局のところ、主にこれまでの「生の欲動」を中心に、つまり「自己保存」や「種族保存」の論理展開の上に立って、人間の持つ欲動の分析を進めていることになる。前記のような「死の欲動」が対等な比重でのしかかる宇宙的理解は、ごく一部の宗教家のような人間の脳にひらめく影のようなものとして理解され、科学的に万民に検証され、理解可能な理論として登場することは現在のところ望み薄である。しかしアインシュタインの相対性理論が科学的で説明可能とは認められながら、その理論発表後一〇〇年経つというのに、実際に理解されることが今日に至っても一般的にならない現状を考えると、「生の欲動」と「死の欲動」の並立理論がこのままで永遠に、人類の思考の俎上に上らないことはないだろう。

改めて人類がその理論的価値を認め、理解することがあるという予感もする。

余談になるが、フロイトとアインシュタインは「人間の殺戮・戦争の理由と人間としての解決策」について、書簡を交わしている。一九三二年六月三〇日にアインシュタインがまず「……人間の精神を発達させて、憎悪や殺戮のような精神の病に対する抵抗力を持たせることは、出来ないのでしょうか」と問い、同年九月に、フロイトは、人間に攻撃的・破壊的欲望が本質的に存在するとした上で、「人類の攻撃的・破壊的動機を病つまり心の異常性においている」が、「……例えば、歴史上見られる宗教審判の残虐行為などの場合は、理念的動機が常識の中で大きくなって、破壊的動機はその影に隠れ、かえって理念的動機を無意識に強化しているのであると思われます。……こうしてみますと、人間の攻撃的傾向を矯正しようと望んでも然々見込みがないと思えてなりません」とし、悲観的な立場をとっている。

しかし、残る期待として「廻り道でも文化の発達を重ねて人類は攻撃欲、自己否定にもとづく社会生活破壊の動きを克服することだけが戦争防止に役立つことだ」とも言っている。それから七五年、現在の有識者の書簡としても少しもおかしくない、時代もずれていない内容。この書簡は国際連盟の機関紙に紹介されたという。こころに留めておきたいものである。

3 殺害のこころは病か――自殺と鬱病

一方、現在の攻撃性研究の中には、殺人や戦争以外に、自殺までも「自己攻撃は攻撃性の内向としてとらえられる」というハーロー夫妻（Harlow, H. T. & M. K., 1962）の考え方と同類の理論で進展しているものがいくつもある。最近では、高橋祥友（一九五三―）のように、自殺に追い込まれる人に共通する心理として「強度の怒り」を上げている。言い換えれば自殺者のこころに働く動機・動因には「殺害にまで至る怒り」があるという。攻撃性の変形した様相と見ていいだろう。

また強い絆のあった人を殺害した後に自殺が生じるようなこと（他殺と自殺の複合体である心中）や、他人を殺害するのを避けるために自殺する人さえいるとも言っている。

この「攻撃欲動」の理解の仕方は、外向的攻撃欲動の結果としての殺人と、内向的攻撃欲動の結果としての自殺の考え方で、殺人も自殺も殺害欲動に集約して進める理論が一つのよりどころとなっている。

一方「こころの病」つまり、こころが健全であれば起こらない事態が、ストレス、欲求不満などの強い累積効果によって復元できないときに起こるのが、攻撃欲動であるという考え方にも関連する。つまり攻撃欲動は本質的に人のこころに成立するものではなく、その原点には、こころの異常性、つまり病気が関わっていると捉えることにつながっていくことになる。病気とはいっても身体的な因子より、こころのプレッシャーに関係する社会的因子や心理的因子が作用する「こころの病」が理由で、殺害欲動（自殺も殺人も）が動機づけられるという理論が伴ってくることになる。

まずここでは、自殺と病の関係だけで進めてみよう。そこには欲求不満の強度の累積から来る一つの神経症、鬱病がクローズアップされているのである。

筒井末春（東邦大学名誉教授）は「うつ病は、何らかの原因で脳の神経伝達システムに異常が生じ、生きる意欲を失わせる病気で、生きる意欲を失うということはすなわち、自ら死を選ぶ可能性が高い……」と言っている。つまり自殺者には鬱病の人が多いということである。この傾向については、多くの医師たちも異口同音に言っていて、先の高橋も同じである。

高橋は、「自殺を考えるまでに追い詰められてしまった人というのは、最後の瞬間まで、『死にたい』という気持ちと『生きたい』という気持ちの間を激しく揺れ動いている」のだが、「自分に残された選択肢は自殺しかないと確信する状態に追い込まれてしまうのは、その背後にはほとんどの場合、うつ病をはじめとする心の病が潜んでいる」とする。

ところで、筒井末春はこころの病である「心身症」が原因で起きた内科の病気を専門に診察・治療するために、心療内科という新しい治療科を一九八〇年に初めて設立したという。心療内科はもともと内科の身体的病気である胃潰瘍や糖尿病、過食症、じんましんなどが、精神科が見る精神的ストレスや性格傾向を要因にして起こる場合のあることを重視し、身体の病気の治療とともに、病気の原因となった心のケアもするという意味で、こころのケアを主とする精神科と、身体の治療をする内科と合わせた総合的な心療内科を創設したのである。これは内科の病に精神的ケアの必要性を付け加える考え方であった。

同じことを筒井は主客転倒的な発想で身体的治療に心のケアを導入するやり方にも挑戦した。癌という本来内科的やまい（病）に冒された場合、それを宣告されたヒトの治療に提案をしている。一般には、癌の告知は「死の宣告」というイメージが強い。つまり癌という身体の病気によって、平常心は崩れ、心が大きく動揺した精神状態になる人は多い。そこで癌を宣告された患者は、軽い鬱病にかかりやすい状態にあるというのである。そのこころの状態がさらに身体の癌の病状に悪い影響を与えるという。

癌という身体的病が精神的病の〝鬱〟につながるという、心療内科の目的と逆の関係で、癌の治療にも精神的ケアを必要とするのである。そこでは外科、内科、心療内科、精神科の総合的診療システムが理想的な診療・治療のスタイルだと提案している。理論的背景としてサイオンコロジー（精神腫瘍学）という学問領域の展開と実践をも提唱しているというのである。

鬱病は自殺を誘発する可能性が高いということから言えば、自殺に対決する人類の挑戦の姿と考えればいいのであろうか。癌という身体的病も、自殺と切っても切れない関係と見られるようになった鬱病との対決となるからである。

その〝鬱と自殺〟の関係の強さについて整理しておく必要があるようである。

本来、人間の殺害に伴う「攻撃欲動」の理解の仕方では、人間に備わる本能の一つとして、自然発生的な殺害欲動ならば、内的にも外的にも動機づけられるとしていたので、「こころの病」は前提にしていなかった。つまり、こころが健全であれば起こらない事態が、ストレス、欲求不満などの強い累積効果によって復元できないときに起こる内に向かう攻撃性を前提にすることもなかったのである。しかし攻撃欲動は、こころの異常性、こころの病気として捉えることにつながってきた。その代表的なものが鬱病ということになる。こころのプレッシャーに関係する社会的因子や心理的因子が作用する「こころの病」鬱が原因で自殺に至る。さらに癌というような身体的な病の因子がうつを誘発もし、それが原因で自殺に至ることがある。つまり精神的因子（社会的因子や心理的因子）も身体的因子も鬱病に関係するなら、それが内的殺害（自殺）につながる可能性があるということになる。

もちろん鬱病だけが原因ではなく、総合失調症など他の精神的疾患も危険因子に挙げられていることもある。

前出の筒井は治療の効果的対応を考慮した結果の一つに、鬱病と混同されやすい神経症性障害を挙げて注意を促

図2－4　男性の死因別死亡率年次推移
（自殺，交通事故，老衰）

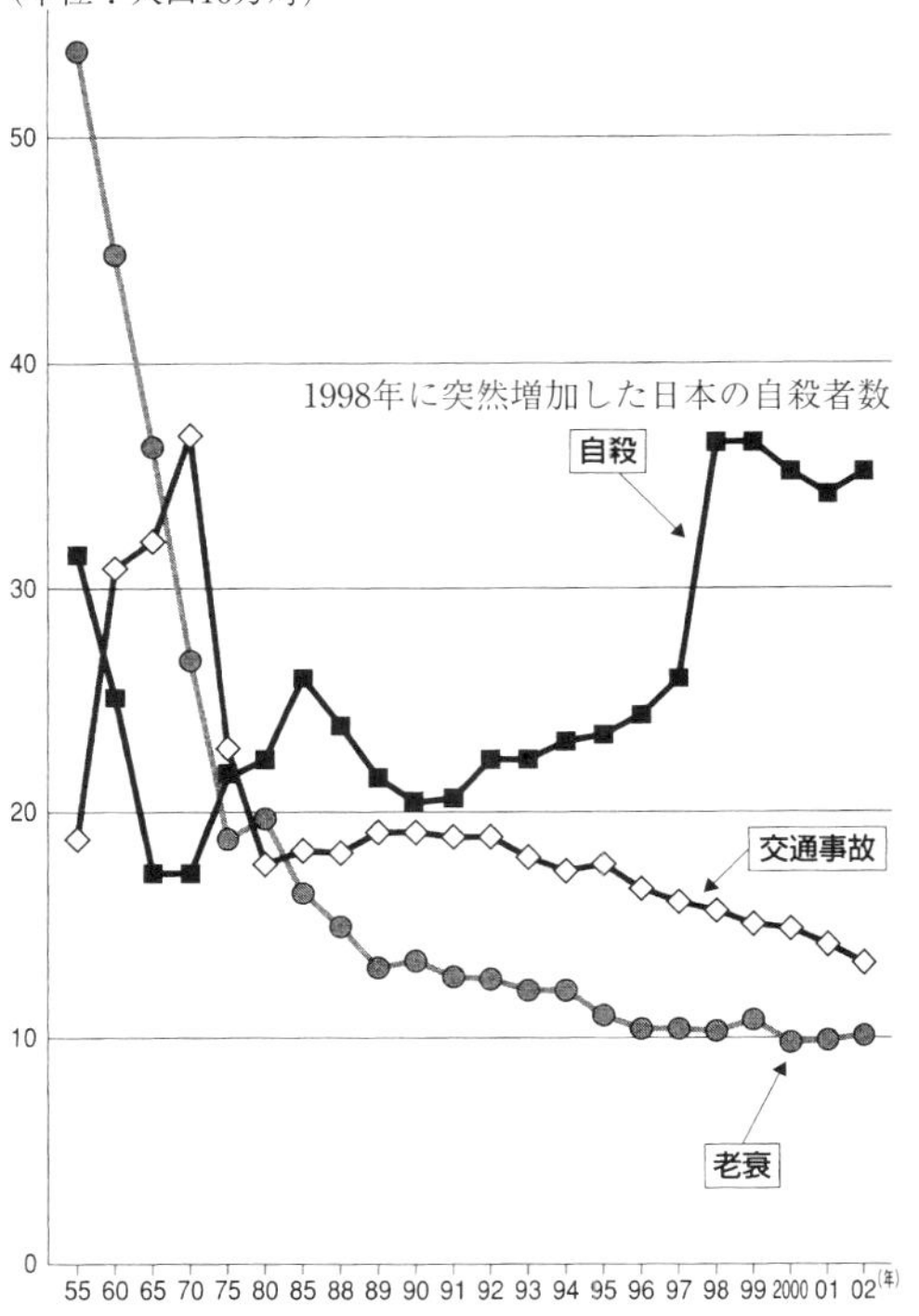

（注）　88年以降は１年ごと。
（資料）　厚生労働省・人口動態統計による。

している。

特に、「自殺の背後には鬱病をはじめとする心の病が潜んでいる」と多くの医者が認めるようになった現在、病気なら治療するという救いがある。身体やこころの病ではない、すなわち捉え難い人のこころの状態としてだけ出現するものであれば、自殺も殺人も防ぎように窮するが、病気ならかなりのところまで手が届くことにもなるという訳である。

このように見てくると、まだ自殺というものが、病気を原因とする理解で解明されてきたばかりだが、かつて同じ攻撃欲動の範疇に入れた理論で整理された殺害欲動である殺人も、いずれは何らかの病気として治療可能な方向で処理できる研究も進めばそれに越したことはない。そういうことになれば希望を持つことができるからである。フロイトの予測に反する（？　少なくともアインシュタインとの書簡では……）殺人の撲滅、戦争の撲滅にも人類の科学が、それぞれのレベルで陥っている病気の治療理論で進展することにもなるからである。

さて、鬱病との関係が注目されるようになった自殺の社会的な問題意識は、いじめによる児童学生の自殺だけではなく、一九九八年以来の突然の自殺数増大（高齢者、成人に多い）ということに揺れ動く「死の認識」があったからだという現実にも目を向けておきたい。統計を見ると、改めて日本が自殺率で世界の五指（二〇〇二年ＷＨＯ統計）に入ることが分かって驚く人は多い。

人が死のうとするのは、結局生きようとするこころの対極に位置づけられているとする考え方の中にも存在するが、一方には、生きようとするこころと行動の原理の中で、生きる方向で働いている通常の健康なシステムに少々のシステム異常、つまり病があるのではないかという考え方も強く出てきたのである。人の死の意識分析的な骨格は、現在では死の異常性つまり病（やまい）思考型優勢の時代として通過しようとしているということになる。

自殺と同じように殺人も「攻撃性（攻撃欲動）」や「病」というキーワードを軸にして、同じ土俵で論じるところで理解を進める考え方も、いずれは進むことになるのではないだろうか。また人類の歴史が証明する集団と集団の殺人行動、すなわち戦争というスケールの殺人についても治療の方法発見は放棄せざるをえないということではなく、「人間の攻撃性」や「人間集団のこころの病」の課題として取り組むなどによって、人類の理想追求はいつの日か達成されることになる期待を捨てる必要はない。

第3章

死を問いつめたこころの行動

1　人間の死に対する態度と行動――「死を待つ人々の家」

一九七九年「カルカッタの聖女」と呼ばれていたマザー・テレサがノーベル平和賞を受賞し、彼女が一九万二〇〇〇ドルの賞金を「貧しい人々のために」と寄付しただけではなく、受賞の晩餐会の費用をも同じく「貧しい人のために」と固辞したときは、世界中の人々が大きく感動の渦に巻き込まれた。マザー・テレサの行動は、自分を捨て、貧しい人達や病気の人達の救済のために、働き続けていたことを、それまでに誰もが知らされていたからである。

図３－１　ノーベル賞受賞のマザー・テレサ

一九七五年にイギリスの製薬会社から寄付されたカルカッタの広大な土地に、長期療養に悩む人たちの病院、リハビリセンター、そしてココナッツ繊維を利用するロープ、マット、たわしなどの生産作業所、そしてスラムの子供たちの学校を持つ「プレム・ダン（現地語で愛の贈り物の意）」ができたのは、マザー・テレサのノーベル賞受賞四年前のことだった。さらに彼女はその七年前、カルカッタから二〇マイルのところにあるティタガールという土地に、ハンセン病患者のため、そこにいる人たちほとんどが自活できるコミューン「平和の村」を作った。

またその一三年前の一九五五年には、未熟児もいる、病気の子もいる、栄養失調の子もいる孤児たちのための、彼らが社会に出てから幸せになるために準備をする施設、「聖なる子供の家」を作った。そこでの食料をマザー・テレサが歩き回って獲得し、最後は養子縁組に駆け回るというものであった。これらは、マザー・テレサの特別な自己犠牲、普通では考えられない労力と時間の使い方を無視するなら、いわゆる貧民救済事業という感覚で社会から見られてもおかしくなく、最終的には自助努力に結びつける貧民救済の教科書というべき類いのものであったことも確かである。

しかし、これらが単なる貧民救済の手本というものとして見てよいかどうか、誰もが驚く彼女の生き方、およびその精神性をこれらの行動の奥に見なければならないのは、その「聖なる子供の家」の設立三年前の一九五二年、マザー・テレサが四二歳のときのこと、カルカッタに、路上で死にそうになっている人を連れてきて、最後を看取るための施設「死を待つ人々の家（Home for Sick and Dying Destitutes）」を開くことになったことである。

単にスラムに貧乏で困っている人への支援をするというものではない。それはヒンドゥー教を背景とするインドにおける特殊事情とも言うべきこととも関わるものではあったが、路上に動物のように死に至る直前の姿で放置されている人を見て、そのままにはできないマザー・テレサの行動が作り上げた施設とでも言っていいのだろうか。臨終の人を「最後の時には人間らしく送らせるため、こころをこめて看取る」ということを目的として、個人的に借りた部屋を活用してのことであった。

その四年前の一九四八年、マザー・テレサは三八歳で、イギリスの植民地から独立したインドでの、派遣伝道師の身分除籍をローマ法王に申請、修道女のまま修道院外で働く許可を得て、四〇歳には「愛の宣教者会」の総長となっていた。シスターからマザーと呼ばれるようになり、カルカッタのスラムに「青空教室」を開設していたが、それはもちろん借り部屋を越えるものではなかった。道端で、ねずみにかじられたことが分かる傷ついた女性を見つけ、近くの病院にすぐ運んだが、手当て不能とされ受け入れてもらえないので、マザー・テレサは「受け入れてもらえるまでここは動かない」と頑張って、受け入れさせたことがあったという。

「神に与えられた生命を、路上で動物のように死んでゆくのを見過ごすわけにはゆかない」という、彼女の意思はすぐに借り部屋を満室にした。そこでマザーは保健担当大臣に訴え、場所を得て、紆余曲折を経るが「死を待つ人の家」を本格的にスターさせることになったのである。彼女の人間を救済する生き方の一生で、最初に始めたこの「死を待つ人々の家」という施設のあり方に焦点を合わせてみることは非常に重要である。

これは、単なる貧困救済ができればよいという、現代一般的となった国連風の国際援助ではない。「まず食料」つまり食べてゆける救援、次第に自助努力的場面への救援展開という国際援助のマニュアルのような発想ではないのである。人間の貧困を問い詰めるところから始めるのではなく、人間の死を問い詰めるところから始めるところに、その生き方の重さを感じないわけにはゆかないということをしっかり押さえておきたい。

当時もまだ、ヒンドゥー教の影響力を受けていることの多いインドの一般社会生活では、マザーの活動を基本的に阻む二つの問題点が厳然と存在した。一つはヒンドゥーの教えから来る死の迎え方であり、もう一つは身分制度カーストの残存であった。マザーが「死を待つ人の家」の場所提供を要請した保健担当相らが、提供を躊躇したのもその二点に問題意識があったからだが、ではヒンドゥーの教えとは何であったのだろうか。

三〇〇〇年以上も前からインドで多くの人々に伝えられ、現在でも八〇％近くの人々が信奉しているという民族の多様な信仰形態の総称と言われているが、聖書やコーランのような「聖典」も持たないので、教理、教義も特別に存在しない。つまり「教え」もないのである。

それにもかかわらず、人間の生死のあり方に関する考え方を、ヴェーダ時代の教えとして、現在のインドで歴史教科書にも取り上げるところがある。それは四住期の考え方というものだ。第一住期とは学生《がくしょう》期と呼ばれ、生まれてから結婚するまでで、この期間は自由奔放に生きるべしとなっている。第二住期は家住期と呼ばれ、結婚して子供を育て上げるまで、この期間はあらゆる欲望を追求すべし、とされる。第三住期は林住期、子供たちが育ち上がった後は、あらゆる物質的欲望を捨て瞑想の世界に入るべし、できれば林（森）に行き、宇宙とは何か、人は何のために生まれてきたのか、などを黙想するのがよい。次は第四住期の遊行期である。瞑想の結果納得することができれば、物質的欲望も精神的欲望も捨て、放浪の旅に出るのがよい。食するものを与えられれば、食するのもよい。食するものが与えられなければ、野の草を食むのもよい。食むべき野の草もなければ死んで路傍の石となるべきだとするのである。

このように、生まれて死ぬまでの人間のあり方を示し、教科書では、先祖はその通りにしてきた、と書いている。この教えあるいは考え方の中でも家族が裕福な人たち（一般的にはカーストの上位の人たち）は家や施設で死んでいる。しかし特に低いレベルのカーストに属する人たちが、物乞いの力も尽き果て、路上で太陽に曝され、のどが渇いて誰からも見捨てられ、死んでゆく現実があった。マザー・テレサはそこで、「一人の人間の死をどう見るか」と問うたのである。

マザー・テレサの心を支配し、行動に駆り立てた基本的な考えは、当然修道女としてキリスト教的教義に影響を受けた思想を背景にしたものであることは間違いない。それは、かつて、日本でも戦国時代の終わりごろ、武家社会でキリスト教の影響を受けた武家出身の女性、細川ガラシャの死への態度にも現れている、あの「神に支配されている人間の命」を人間がどう扱うかということであった。当時のウイーンでオペラの題材にも扱われたこの細川ガラシャの死に対する態度は、「神から預かり、生かされている人間の命は、人間が自ら自由にすることはできない」ということの実現に焦点が合わされていた。四〇〇年も前の、当時の儒教から来る日本武士の思想を尊重する夫細川忠興の妻として、敵（このときは石田三成）の捕虜になるよりは自らの死を選んでも留守宅を守るべきとする武家社会の精神と、神から預かる生命という命題との葛藤に悩んだ挙句、儒教とキリストの思想を両立させたのである。夫の重臣小笠原少斎に隣室からやりで突かせ、火を放たせて焼死したと伝えられている。自らの死を自殺ではなく事故死に偽装したのである。思想あるいは信仰的可否の論議は別に、キリストの教えによれば、人間の命は人間のものではない、神のものであるからだ。

マザー・テレサには自らの命もそうであれば、他人の命もそうであった。神から与えられた命を、人間はお互いに最後まで支え合うものであるとした。息を引き取る寸前と思われる老人を迎えるとき、マザーは彼のからだを洗い、寝巻きに着替えさせ、食事も薬も用意し、優しく声をかけたという。ヒンドゥー教の人がそれを見て、「もう死ぬという人なのに！」と何の意味も報酬もない行為に疑問を持ったが、彼女はその行動の質問に答えるときは「十字架からおろされたイエスを、今私は洗ってきれいにしている」と言った。彼女はこうして貧困を撲滅する援助行動ではなく、神の元へ送る人の死の瞬間に自らを大切に生き、その瞬間の他者を大切に生きさせる人間行動として実行したのである。彼女は国際援助の世界に、「貧困」つまり「生」を問い詰めたのではなく、「死」を問い詰めるところから始めたという見方は非常に重要になる。

マザー・テレサは、生きるために「死」を考えるのではなく、生命の終え方（つまり死）を考えることによって、「生きるとは何か」を実行したのである。

2　幼い生命を死から救済する態度と行動

さらに、死を問い詰めて、人間として生きることへの挑戦を、生誕の神秘を扱う心と行動の理解から、能力開発に通じる教育法への道を開くこと、で実現した人物も忘れることはできない。それはマリア・モンテッソーリである。彼女はマザー・テレサの半世紀前に行動を起こしている。一九〇七年に「子供の家（Casa dei Bambini）」をイタリア・ローマのサン・ロレンゾー貧民街に創立した。この「子供の家」は、単に貧民街の子供たちを収容する施設に留まることなく、積極的に人間の能力を開発する教育を施して、「人間として生きる」子供たちの訓練の場としての意味が大きいものとなった。その貧民街は、一八八八年それまでのイタリアでのバブル経済がはじけて、大建築ブームの途上にあった建設中の住宅街が、一八九〇年の不況の嵐の中、建設業界の恐慌により放置されたままになり、衛生管理も法的規制も無視した貧しい人たちの住居となってしまったものであった。ちょっとした仕切りで無数の人が住む、過密な環境は、男女の無差別、不道徳、犯罪が横行するところとなり、犯罪、流血の事件が連日のように新聞記事となっていた。

この「子供の家」の開設に臨んで述べられた記念演説で、マリア・モンテッソーリは言っている。

死よりもっといやなことを恐れた若い娘が、下劣な男に石で打ち殺されたことが報道されています。……昼になると近所の子供達が、腐肉をあさる獣が死骸の周囲に群がるように、その女の周囲に群がり、女の残骸を見て叫び声を上げ、あざ笑って溝の中に転がっている汚れた傷だらけのからだを蹴ったりするのです！……我々は彼らを我々から離して貧民街に寄せ集め、家も与えずに自暴自棄な状態に放置し、野蛮と悪徳の残酷な教訓をお互いに学ぶままにしているのです。社会的良心に目覚めている人なら、我々がこのような死の恐怖に脅かされた、汚染された地域を作ったことに気づくに違いありません。（『モンテッソーリ・メソッド』〈世界教育学選集〉明治図書）

彼女は明らかに、市民としての社会的責任を背景にものを考え、人間として何をなすべきかを現実に実行している。為政者の発想を市民が実現しているという点では、多くの偉大な先駆者、あるいはその後の社会的偉人と共通していることは間違いない。

図３－２　2007年発行のマリア・モンテッソーリ記念切手

ただ他との違いで注目すべきは、死と人間の関わり合いが意識されていることとの重要性ではないだろうか。子供が死とどのような関わり方で生きることが必要なのかを、彼女のあり方で問い詰めていた。つまり、大人の死を、子供がどのように受け止めるべきなのかを問い詰めていた。

医師であったマリア・モンテッソーリは、この「子供の家」設立の一〇年ほど前一八九八年から精神薄弱児の教育を、医学的教育学的治療施設の設立を伴って実施していた。これは彼女の恩師であり当時のイタリアの文部大臣ギド・バクリーの後ろ盾で「国立特殊児童学校」を設立し、絶望的な欠陥があるとされた小学生と他の教師たちを指導していたことの、延長線上であった。背景にしっかり為政者の発想があっての行動であることも事実であった。その中で、彼女の目標はどこに焦点が合わされたかということに眼を向けてみよう。

貧民街の特殊な教育（生活？）環境にあった子供たちは、すでに異常な人間の死を体験するなど、通常の教育では復元不可能と考えられる精神状況にあることを、認識していた。あの精神薄弱児の教育メソッドは、当時の医師の間に普及し始めていたエドワール・セガンの教育方法が基本となっていたと、モンテッソーリ自身も言っているが、さらに遡れば「アヴェロンの野生児」を観察研究、指導したジャン・マルク・ガスパール・イタール（Itard. Jean Marc Gaspard. 1774-1838）の著書に遡ることになる。

「アヴェロンの野生児」は一七九九年、南フランスのカンヌの森アヴェロンで民家のごみをあさっていた、完全に裸の乱暴極まりない状態で発見され捕獲（逮捕ではない）された。一一～一二歳と推定され、狼に育てられたかどうか不明だが、二足で歩行はできる野生児であった。当時は、知的障害で捨てられた子供とされ、治療や改善の余地はないとされたが、軍医のジャン・イタールがヴィクトールと名づけて、六年間にわたってゲラン夫人とともに教育を試みた。その結果、多少のアルファベットを認知し、簡単な言葉を読み書きできるようになり、感情や愛情の表現も理解できるようになった。しかし、大砲の音には驚かないが、雷、雷雨などのほか、枯葉のガサガサ音などには恐怖感を持って身構えるという行動は拭い去れなかったという論文を後に発表している。

イタールは、ジョン・ロックの遺伝の影響を視野には入れない「こころは白紙」説を取っていたとされるが、「野生児に足りなかったのは人間としての環境や経験である」と書いていることは、その後の心理学などにおける人間理解にも影響力を持っている。モンテッソーリの時代にまで至ると「主体と環境は相互に作用し合う」という遺伝子的影響も理解の範疇に入っているものの、イタールの「人間の社会的環境のない自然状態に置かれた人間は、多くの動物にも劣る」と報告書の最後に書かれていたことは、セガンやモンテッソーリにも大きな刺激を与えているようである。

つまり、モンテッソーリはこのイタールの論文から、人間が教育されなければ動物にも劣る存在となることを強く意識することとなり、なお、白痴とされるような精神薄弱児も教育の力で少しは人間能力の水準に回復できる可能性をも発見することとなっていたのであった。だから、すでに貧民街の悪影響下にあり、人間社会から見れば、野生児のような劣悪な環境の子供たちをも、「子供の家」に収容できれば能力開発のチャンスがあると確信していたからこそ、その設立に尽力したのであったろう。そこでさらにモンテッソーリは「発達する能力に欠ける子供たち」と「まだ発達させられていない子供たち」が、ある点で共通していることにも着目していた。ヴィクトールのように発達がある程度に達し、もはや「発達する能力に欠ける」子供にも、「まだ十分発達する時間を持った」子供にも同じように、彼女は精神薄弱児に施したセガンの教具を基に、人間としての心の修復過程の可能性を確信していた。さらにそこで彼女は独自のモンテッソーリ教具を考案、使用して教育を実施し、結果として実現した能力開発が効を奏したことに、自信は満ち満ちたのであった。

死を意識した子供のための環境づくり、つまり死の恐怖が渦巻くほどの生活環境から、子供の脱出を成功させるための「子供の家」が、さらに子供たちの人間としての能力開発がもたらされる場となったのである。これが、その後に世界的な幼児教育法モンテッソーリ・メソッドとして普及してゆく第一歩となったことは、もはや誰もが知ることとなった。

モンテッソーリは、その後特に幼児の発達過程での「学習敏感期」の意味、すなわち人間としての能力開発には、環境が大きな影響を持っていることは非常に重要だが、もっと重要なことは、イタールの扱ったヴィクトールのように、一一歳にもなるとそのチャンスが激減してしまうような、人間の能力獲得に不可逆的な時期があるのだということを強調し、誕生直後から適切な時期に適切な教育訓練が必要であるとし、そのメソッドを展開することとなった。

彼女は「死」の意味を問い詰めて、子供の人間としての能力開発教育を推進し、「人間として如何に生きるか」という、子供に挑戦機会を与え、「生」の感動を支援することを目標とした。

死に対して追求の手を伸ばせば、そこに生きることの素晴らしさを手にすることができるとするのは、マザー・テレサも同じであったが、マリア・モンテッソーリはさらに、「人は何故戦って殺し合うのか」にも挑戦していた。幼児の能力開発の中で、戦いを制するこころの開発をも実現できる可能性を、十分に意識していたに違いないことはもちろんだが、戦争そのものにも拒否の挑戦をしていた。ムッソリーニ政権下で、私生児だったが息子のマリオ・モンテッソーリの兵役を拒んだのである。それが原因で故郷イタリアを離れることになるが、戦後一九五〇年にはそれまでの世界平和の運動の功績でノーベル賞候補にもなった。しかし実現しないままその翌々年一九五二年、マザー・テレサが「死を待つ人々の家」を設立したその年、八一歳の生涯を終えた。

この二人は、明らかにキリスト教の結晶のように理解してよい、宗教の世界に生きた人たちであったことも事実だが、死を生に復元するこころを人間の世界にぶち込んだという、めったに到達することのないこころと実行力に到達した二人と見ることができよう。

3 「生命への畏敬」に行き着く「死」への態度と行動

マザー・テレサ、マリア・モンテッソーリの二人の心と行動の原理が、何に基づくものであれ、そこに人間としての美しいあり方を全世界（地球上）の人々が感じ合ったのは、まだ過去のことではない、現在もその心情的後継者が、その故人の遺志を継ぐ活動（心を理解した行動）を続けている。モンテッソーリ教育は広く世界に根づき、日本においてもその存在が認識されるようになり、マザー・テレサの「死を待つ人々の家」には、二一世紀の初め日本からも、一年で一三〇〇人もの若者たちがインドに赴き、ボランティアで働いているという。この二人は何も示し合わせていたのではない。それぞれが、それぞれのやり方で「死の意味」を問い詰めた上で「人間の命」を大切に考え、それぞれの行動を積み上げていったものに違いなかった。

二人の行動のスタートには半世紀つまり五〇年ばかりの差はあるが、行動時期は大いにオーバーラップし、ほとんど同時代の人間であるという点から見ると、この時期地球上では、このような人が登場しなければならない人間社会の必然性、がなかったとは言えるだろうか。

この二人のうち、マリア・モンテッソーリとほぼ同じ時期に、二人が到達した心に一致する行動を続け、欧米社会からアフリカ・アジアの社会に人間的な大きな足跡を残し、マザー・テレサがノーベル平和賞を受賞した二五年前、そしてマリア・モンテッソーリがノーベル賞候補になった四年後の一九五四年に、ノーベル平和賞をもらった人物がいる。アルベルト・シュヴァイツァー（Schweitzer, Albert, 1875-1965）である。

彼の一九一五年に打ち出した「生命への畏敬」という命題が、彼女たちの活動原点にも大きな勇気づけを、与えていたとすることには間違いがないと思える。

シュヴァイツァーは一八七五年にドイツに牧師の息子として生まれ、ストラスブール大学で神学、哲学を専攻、二七歳のときには神学部講師になるが、一九〇五年（三〇歳）には医師としてアフリカに行くことを決心した。八年後三八歳で医学の学位、つまり医学博士のタイトルを得ると、前年結婚したヘレーネ・ブリスラウとともに、アフリカ・ガボンのランバレーネに渡り、現地で鳥小屋を改造した施設から、病院活動を開始した。翌々年にアフリカで「生命への畏敬」という思想をまとめ上げたと言われている。

そこでは彼の周りには、無数の生きよう生きようとする生命（動物も植物も）、に囲まれていることに留意しよ

図3－3　シュヴァイツァー

う。医師だけではない哲学・神学をも修めたシュヴァイツァーは、生命を直接預かる医療活動からだけで、「生命への畏敬」という用語で示される理論に、到達したのではないというところが非凡である。哲学者デカルトの「我考えるゆえに我あり」という命題に対して、「我は、生きんとする生命の中に存在する、生きんとする生命である」という命題を立ち上げたのである。これはすべてが「偉大な力」に支配されるべき人間の存在、つまり生も死もすべてが、神の支配下にあるものであるという縛りから、人間を解き放とうとする現代哲学との統合性を追求したものとされるようになった。「生への畏敬」という命題は、ショーペンハウエルとニーチェ（Nietzsche, W. N., 1844-1900）の総合であると、後にシュヴァイツァー自身が認めているとされるからである。

　彼はむしろ偉大な力の存在（神の存在）を、より人間の存在理由を明瞭にする哲学領域で、理論づけようとした、と見てもよいかもしれない。人間の認識する世界に大きな生命力を見る。その言葉は使われていないが、動植物にだけ「生への畏敬」を当てはめるのではなく、地球自体も一つの生命体であるとする「ガイア理論」まで、その概念の中に埋め込んでいたのではなかったか。だから、シュヴァイツァーは、都会での人間の医療活動だけではなく、自然に関しては死に体の都会から、地球自体の生命力をもっと感じるアフリカに、わざわざ出向いて人間としての活動を始めた。

　もちろんシュヴァイツァーは、アフリカの自然の中で、人がかつては鳥や昆虫や獣と一緒に住んでいたということが実感できる場所や、驚くほどの豊富な種類の植物などに、触れて生きている人間と交流できることを望んでいた。病院も持たないジャングルの奥地の人々のために病院を設立して、その周囲を取り巻く多くの生命の数々の肌に触れ、耳に声を聴き、眼にその生き様を見て、過ごすことになった。そのきっかけは、幼少時代に都会の電線に止まっていた小鳥をパチンコで撃ち落そうとしたとき、教会の鐘が鳴って小鳥が逃げてくれたからだという話が伝えられている。友だちの手前、小鳥を狙う振りをしたが、小鳥が逃げたとき、シュヴァイツァーには鐘の音が「汝殺すなかれ」と聞こえ、自分が小さな命を狙っていたことに泣いたという。

少し表現の大げさな伝説のような言い伝えだが、シュヴァイツァーには子供のころから、犬や小鳥などと暮らし、生き物に共感するこころが育まれていたことは、彼自身の講演でもたびたび語られている。動物も植物も「一生懸命に生きているのだから、殺してはいけない」という幼時期のころの原点は、そういう生命の死を突き詰めたところにあった。そして、その我々一般人の眼にも見える、生命の尊さをさらに広げたのがアフリカのランバレーネだった。さらにそこでは、動植物の生命に取り囲まれた人間を含め、普通の人にはなかなか見えない生命の息吹に取り囲まれた、地球自身の息吹まで感じていたのではなかったか。

いずれにしても、この死を突き詰めたこころが、シュヴァイツァーの行動を決定させたことには違いなく、このシュヴァイツァーの「生命への畏敬」がマザー・テレサやマリア・モンテッソーリのよりどころともなっていたか、あるいは人類社会特にヨーロッパの社会的環境に必然性をもたらし、このような人たちに共感する「死を問い詰めて生きる」生き方の追求をさせていた。詰まるところマザー・テレサやマリア・モンテッソーリのこころと行動の行き先も、シュヴァイツァーと同じことであったことを知る重要性を強調しておきたい。人類が死の追求をするあり方にも、大きな流れが存在しているのである。

第4章 死して生きるこころ

1 生きていた証を「死」で実現しようとするこころ（1）——「曽根崎心中」

人間は生きようとする生理的システムが、まず優先して働くことになる生物であり、それは他の生物と違うところはない。心理学などではその原点となる仕組みをホメオスタシスと呼んで重視していることは先に述べた。人間の心の原点は、生きようとする生理的な仕組みから始まることに加え、それらの記憶や学習効果が累積した結果、精神的な仕組みが働き、それによって行動が左右されるところが、他の生物と違う。もちろんその精神的な仕組みも生きようとする方向に作用することが基本であり、自らを消滅させようとする方向に働く仕組みの存在が優先す

図 4－1　6000年前にも心中があった？

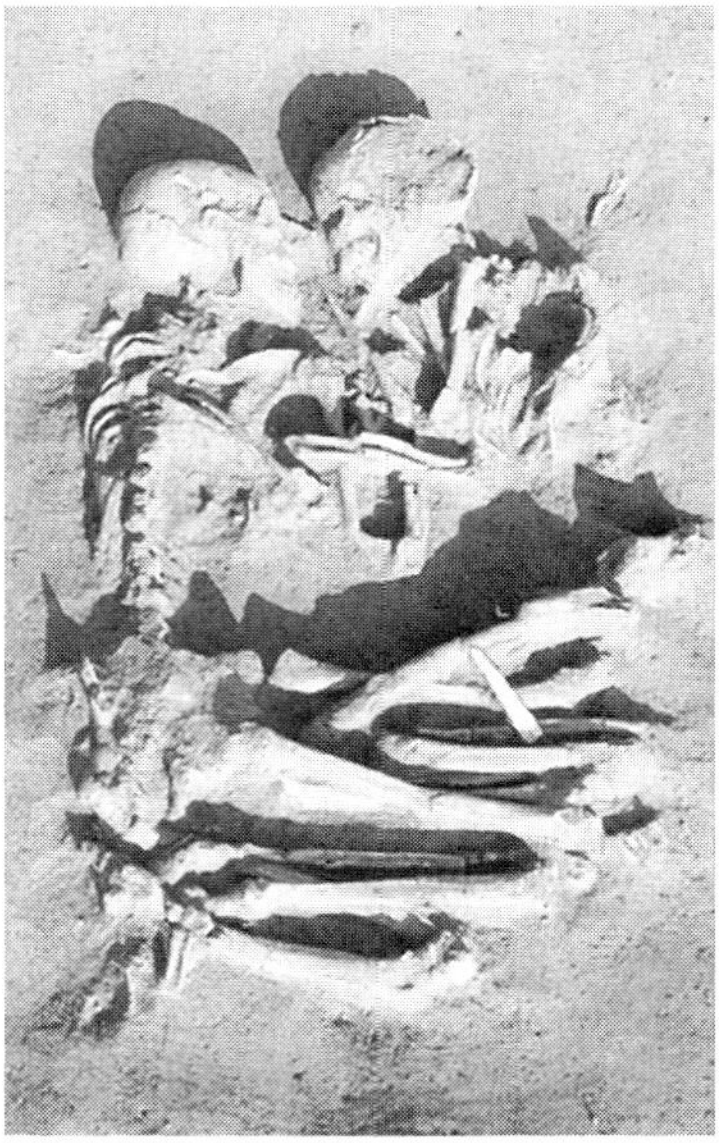

6000年越しの愛，イタリア北部のマントバ近郊で発掘された抱き合う男女の遺骨。発掘に当たった考古学者は，約6000年前の新石器時代に埋葬されたのではないかとみている＝AFP 時事。

（出所）『朝日新聞』2007年２月９日。

ることはない（はずである）。自殺の説明論理には、生きようとする基本的な仕組みに反抗する攻撃欲動を認めるものはあるが、その大きな部分が病から来るとする考えを理論的根拠と主張する人たちがいることも先に述べている。

しかし自殺にも、生きようとする生物的システムの存在から外れたからといって、必ずしもそれが通常のことではない病気だとする、故障や欠陥の存在として考えられないものもある。正常な精神的システムが働いて死を選ぶ行動もないことはないとすることもできるのである。特定の個人や、特定の社会、あるいは社会全体に向かって生きることへのメッセージとして実行する死もあれば、死ぬことによって生きた証とし、自らの濡れ衣をはらそうとしたり、社会的過ちを一人の脳という記憶装置の消滅で混乱を防ぐのを目的とするようなこともある。

人が男女二人で死ぬときは特にそれが病であるとする根拠が成立するチャンスは少ない。つまり心中は、もともと生物としての人類に「子孫を残す」欲動、つまり生き続けようとする原動力となる「好き合う」という内的動因が基本となり、それが故に二人の心の結びつきがベースとなって起きるフラストレーション状態の外的動因が重なり合うという、複合的様相の克服策として成立することが、二人のこころの共鳴に存在するからである。だから、心中を目撃する周りの人間（社会）の認識は、生きようとする異性の好き合う強さという、本来は「生きようとする人の原点」の力強さを見、「それがかなわぬ世の外的環境のやるかたない意地悪さ」の事態への感慨にふけるのである。

西欧ではシェークスピアの「ロミオとジュリエット」、わが国では初めての世話浄瑠璃とされる近松門左衛門の「曽根崎心中」などが有名で、それぞれ約四〇〇年前、三〇〇年前から、それがフィクションであれ事実に基づくものであれ、現代人にまでインパクトを与え続けている。人類には事故、病気、老衰などの人の意思の働かない死とは違って、意思を持って死を迎えるインパクトの代表例として、残ってきた息の長い作品として日本の「曽根崎心中」を思い起こしてみよう。

曽根崎心中は元禄一六年（一七〇三年）四月七日に大阪・梅田の曽根崎にある天神の森で起きた心中事件を題材に、浄瑠璃（人形浄瑠璃）では初めて庶民物を扱い、事件後一カ月の五月には開幕講演された、つまり世話浄瑠璃の大当たり興行であった。当時浄瑠璃は、時代を過去に設定し、しかも武家社会の出来事を主に題材としてきたことを考えると、この事件直後のしかも庶民物の「曽根崎心中」は大衆の興味を大いに引いたのはうなずける。室町時代に京都で起こった浄瑠璃も江戸開幕に合わせて江戸に中心を移していたが、明暦の大火（一六五七年）による江戸の混乱で、再び関西には帰ったものの、もう文化の中心も京都より新興町人の町、大阪に移った感があったところへ、その大阪での事件を一カ月の間に近松門左衛門が書いて上演された時事ドキュメント作品「曽根崎心中」は、社会的にもヒットの条件をそろえていたということは誰もが認めるところであった。ほぼ事件の輪郭通りに作られている、というその「庶民の心中」ストーリーは、大阪内本町橋詰の醤油屋平野屋忠右衛門の手代、徳兵衛と、堂島新地新茶屋町の天満屋抱えの遊女おはつとの情死であった。ほぼ事件通りと言われているものの、宝永元年（一七〇四年）の「心中大観」によると少々違った人物の入れ替えなどもあるとされているので、死に向かった二人のこころの動きは、作品通りではないことも覚悟する必要はある。しかし、文学芸術作品は、その当時の大衆が心情的に十分受け入れられる人間行動の表現であることを勘定に入れれば、ストーリーを追いながらそこに死に向かう人間の心理を分析することも合理性を欠いていないと言えよう。

そもそも死の覚悟の最大要因となる心の動因には、好き合っている二人が、それぞれに社会的な外的環境を乗り越えてゆくとき、心に重く働くフラストレーションに、耐えられる余裕を持たないレベルに達してしまう、という心的背景を持っていることが最も説明しやすい。翌年発刊された「心中大観」による事件解説では、徳兵衛はおはつに通い詰めていたとされるが、突然親方の平野屋忠右衛門の養女を嫁にという縁談を持ちかけられ、義理の母が二貫目（二〇〇〇文：そば一杯一六文の時代）の敷銀（保証金）まで受け取ってしまった。おはつの方はというと、豊後の客に身請けされることが決まってしまったらしい。二人はその夜のうちに曽根崎の森で心中したのである。二人はそれぞれの人間社会の外的環境重圧を撥ね除ける物理的、精神的対応力を保有していなかったというのが動機だった。好いたもの同士が一緒になることの不可能な事態におけるフラストレーション状況が二人を生からの逸脱行動へと走らせた。

お互いが好き合っているというこころの動機づけさえなければ、徳兵衛の結婚話も、おはつの身請け話も、お互いに社会的に無理難題という話では決してない。むしろうれしい話であったはずである。本来その社会での生の存続には有利な条件となるはずの縁談、そして身請け話が、この二人には生きるために働く欲動方向を遮るフラストレーション要因以外の何ものでもなくなっていたのである。現在の心中の動機解明の心理学的理論の一つとして見るなら、二人は生存してこのフラストレーション要因を克服するという、フラストレーション耐性の成立に失敗したのである。

ところが、近松門左衛門の書いた「曽根崎心中」は、ほぼ事実に基づいていると言われながら、徳兵衛に少し違った死への動機を付け加えている。それはまたおはつの死への動機の転換をも作り出すことになった。九平次という悪い友人を登場させたのである。徳兵衛は事態克服策として義理の母からまずお金を取り返していたが、そのカネを九平次に三日の返済予定で貸してしまったのである。親方平野屋忠右衛門がおはつのために縁談を断ったのに腹を立て、縁談もなきものとした上、銀二貫を返せという道義的行動の要請に対し、とりあえず人道的行為として返済を済ませようとした。第一のフラストレーション条件を解消しようとしたのである。ところがその金を、古くからの友人から、たっての願いで貸してくれと頼まれた。九平次である。それは三日もあれば返済可能というからであった。しかし、親方に返すべき日が明日に迫った六日目に返済を迫ったところ、九平次は仲間と五人連れで徳兵衛に会い、逆に「借りた覚えはない。何を血迷ったことを言うか」と言い、証文についても「先月なくした印判はお前が盗んだに違いない。勝手に手形を書いて印判を押して銀を取ろうとは、大罪人！」と逆に大勢の人前で辱めを受け、世間に泥棒呼ばわりされることになってしまった。

近松門左衛門はここに「男の一分」というのっぴきならないフラストレーション要因を徳兵衛に添加したのである。九平次はその金で天満屋に遊びに来たが、先に事態の状況を話すためにおはつの元に来ていた徳兵衛を自分の座る床下に隠していた。九平次が徳兵衛をだました通りのことを得意げに話すのに対し、おはつは「死んで恥をすすがいでは！」と床下に聞こえるように、死の覚悟を促したのである。九平次がその言葉を聞き「おはつなにを言わるるぞ。なんの徳兵衛が死ぬるものぞ。もし又死んだらその跡は。をれが懇《ねんご》ろしてやらふ。そなたもをれに惚れてじゃげな」と言えば、「こりゃ　かたじ

図4－2　近松心中もの・道行イメージ

けなかろはいの。わしと念比さあすんと　こなたも殺すが合点か。徳様離れて片時もいきてゐようか。そこな九平次のどうずりめ。阿呆口をたたいて人が聞いても不審が立つ。どうで（どうしても）徳様一所に死ぬる　わしも一所に死ぬるぞやいの」と、二人での死を積極的に徳兵衛に聞こえるよう催促したのである。九平次は気味悪くなり帰って行ったが、床下の徳兵衛は感激していた。

この場合近松門左衛門は、徳兵衛の死の動機づけの背景となるフラストレーション要因に、好き合っている（生きようとする生物の前向き動因）ことへの障碍となる「社会的環境のマイナス効果」を設定するだけではなく、世間に言い散らされた冤罪への「男の一分」をそそぐことと二本立ての動因を強調することになった。九平次の非人道的やり方に「口惜しや、無念やな。このごとく踏みたたかれ　男も立たず　身も立たず……」から「ハアこう言うても無益のこと。この徳兵衛が正直の　こころの底の涼しさは　三日を過ごさず大坂中へ　申し訳はして見せふ」と、世間への申し開きをやるというのである。死んで生きるという発想が見えている。

さらにおはつの動機は徳兵衛への献身という形に換え、おはつから二人同時の死を促して成立する心中の道行きも、死して生きる人の心の追求が主流となる。曽根崎の森での死に方も「二本の樹木にきちっと結わえ付けて、世の中にめったに見られないきれいな死に方を見せよう。世の中の手本になりたい」と二人が話し合うところも、死んで生きるというところを強調している。徳兵衛二五歳、おはつ二一歳であった。

確かにフィクション的な結末になるのだが、それがその時代の人々の心に「ありうることだと納得」させて、大当たりの興業となった事実は、何かを語っているはずである。同時代の事件で、曽根崎心中の五カ月前に決行された赤穂浪士の討ち入りは、まだ芝居の興業にはなっていなかったが、風評は関西の庶民にも伝わっていたに違いないからだ。「人は何のために生きるのか」という生き様を、当時の社会は、武士の世界にサンプルを得ていたところ、初めて「曽根崎心中」の作品によって庶民自身の世界でずばり人の生き方・死に方に立ち入ったのである。庶民の死に「男の一分」を入れたところに武士と庶民の精神生活の共通性を示した。とりあえず平和の続いた当時徳川一〇〇年ほどの世に、社会的な管理システムがわずか人口の五％という武士の世界で、赤穂浪士が実行に移した集団的あだ討ちが、社会の話題となりえた社会的環境が重要なポイントにもなったのに違いない。現在では誰でも承知の通り、当時の政府つまり幕府のあり方に不満も溜まってきていた。親類スジの吉良上野介には喧嘩両成敗の原則から見て、何のお咎めもないという不公平感の存在だけではなかったに違いない。それ以上の不満要因も溜まっていたと考えられる理由らしきものには、九五％の人口を占める庶民の、赤穂浪士の討ち入りを大いに期待していたという雰囲気が物語っていることでもわかる。現代流の発想法で言えば同族経営の徳川家優先の管理システムの歪みのようなものも出ていたのではなかったか。

平和が故にもたらされた討ち入りや心中という結果、武士の世界にも庶民にも、死を認識する生き方の行方についての精神的ムードが、はびこっていたという見方もできるが、それより世間を相手に「死して生きる」一つのあり方を、庶民が自分たちのサンプルで味わうようになったということが大切なところだろう。

2　生きていた証を「死」で実現しようとするこころ（2）——「アカシアの雨が止むとき」

心中のように二人で死ぬあり方は、世間つまり社会に向かって生きていた証をするというものである。しかし一方では社会に向かうより、特定の個人に向かって死んで生の証をするというあり方も存在する。実話の裏づけについての確たる証拠は分からないが、水木かおるが作詞し藤原秀行作曲、西田佐知子が歌って、第一次安保騒動の一九六〇年代の初めごろ流行った「アカシヤの雨が止むとき」の歌詞を知る人には、すぐに思い至るはずである。一人の相手のために一人で死んで逝くときの心情を歌っている。

アカシヤの雨に打たれて、このまま死んでしまいたい。
夜が明ける、日が昇る、朝の光のその中で、
冷たくなった私を見つけて、あの人は
涙を流してくれるでしょうか。……

この歌が示す死の時間帯について見ると、「曽根崎心中」の実際に夜明け前の死は、夜が明けて発見される、というその時間であったようだが、その後も近松門左衛門が書く心中物では、例えば「心中重井筒（一七〇七年）」でも「心中万年草（一七一〇年）」でも、すべて夜明けに死ぬ場面を設定する。曽根崎心中の道行きは、特に平家物語風の語りで、「この世の名残、世も名残。死にに行く身を譬ふれば、あだしが原の道の霜。一足づつに消えて行く。夢の夢こそあはれなれ。あれ数ふれば暁の。七つの時が六つなりて残る一つが今生の。鐘の響きの聞き納め……」と、七五調の有名な一節。七つというのは現在の朝四時のことである。あとの作品二つも、空が白む、夜が明けるとあり、心中には夜明け前がふさわしいということになっていた。

特定の人を相手に自分の生きてきた証を訴えたいという死に方、「アカシアの雨が止むとき」の歌詞にも、夜明けがふさわしいと歌っていることになる。古来、人類は〝朝〟を新しい生命の始まりと受け止めるきらいがあるようだが、これらの死もそのイメージを背負っているのである。つまり〝死んで新しい生命で生きる〟ことにつながるイメージを持っていると言えるのではないだろうか。

人間の生と死の関係を見るとき、生が終わったところに死があるとする感覚、あるいは認識が一般的である。死とは生の状態が終わったところに起きる現象であり、本来死というものは独立して存在するものではないとするのが、現代風の理解の仕方であった。しかし積極的な死を目指す人間の行動の中には、生が終わったところを死と定

義する認識を一つ超えた、何ものかをこころの中にイメージしていることは、〝心中〟にも当然受け止められるべきだと見ることになる。生きていた最後が死という単なる瞬間的な現象なのではなかったということを……。死んで生きていた証を正しく証明するという、死が一時的な瞬間を越えて、生への実態的存在を示していなければならなかったのである。

「アカシアの雨」に歌われた「死んでしまいたい」人が対象とする「あの人」が、この文脈通りで見るならば、自分の死んだ夜が明けたとき、生きている「あの人」がそれを発見して涙を流してくれるという、生の継続した時間帯が改めて始まらなければならないのである。徳兵衛とおはつの死が、単なる生の終わりという瞬間的な事態なのではなく、その死が社会的に汚名をそそぐという、生きていること以上の証をし、世間に語り継がれるという持続的存在感を持つものであったのと同じ意味を持つと見なければならないのである。

この歌と曽根崎心中の流行った社会的背景とでも言うか、流行を支える大衆の心情的背景を、それぞれの時代的社会環境についても少し検証しておこう。

この歌が世の若者たちに大いに流行った昭和三五年（一九六〇年）の夏ごろのこと、第二次大戦からの復興一五年経過したところで、復興の次の目標に向かっていくときであったが、その一〇年前のサンフランシスコ講和条約と日米安全保障条約とセットで曲りなりの独立を得ていた。

一〇年目の日米安全保障条約の改定が、国民への説明不足の中、岸内閣は野党の激しい抵抗に合い、自民党の数の力で単独審議に踏み切った。その民主主義に反する雰囲気を持った政府のやり方は、学生群、自由職従事者群、労働組合などの反感を買った。政府への不満が累積していたこともあったのである。さらに自民党政府の強行採決を阻止するデモの当日五月一九日が雨の中であったことに加え、同じく小雨降る六月一五日強行採決を実行した岸内閣打倒のデモ隊は、国民的デモへと展開、国会議事堂突入の場面で、反デモ隊の右翼と警官隊、デモ隊の大乱闘

図４－３　樺美智子さんの追悼デモ行進

による大混乱が生じ、一八七人が逮捕され、四八二人入院、一〇〇〇人以上が負傷した。その中東大生の樺《かんば》美智子さんが圧死（後に暴行死説も出た）、つまり死亡した。一六日の午前一時一五分警察隊の使用したガス弾で一旦解散に向かったが、「女子大生が死んだ」というニュースはすばやい速さで現場を駆け抜け、全学連を軸とする学生たちは再び突入、警官隊の包囲する中、一分間の黙禱をささげ抗議集会を開いた。その後もあちこちで小競り合いを繰り返しながら夜明けを迎えたが、雨は降り続いていた。この梅雨の時期に集中した抗議デモは、雨で夜明けを迎えたのである。

作詞者の意図があったかどうかは疑問だが、このように多くの学生が全国的に参加した抗議デモが、結局は雨にぬれて、敗北に落とし込まれる意識の中、西田佐知子の、何やらやるせないムードをかもし出す歌い方がそこにあったと言えるようだ。多くの学生たちは、ますます「アカシヤの雨に打たれてこのまま死んでしまいたい」と、死んだ女子大生との無念のこころを分かち合うように、口ずさんだのであった。デモの激しくなるこのころからこの歌は流行り、その後のこの世代の日本人にとっては、安保反対デモ行動と「アカシヤの雨」の歌は、セットになって人生の記憶にはめ込まれることになった。なおこの歌には、同志の女子大生が死に、雨の中夜明けを迎えたことで、若者たちの心を捉えただけではない。三番の歌詞にも、気がついていない若者がいてもそこには、潜在的にこころが引き込まれる力を持っていたのである。

アカシアの雨が止むとき、青空さして鳩が飛ぶ、むらさきの羽の色、それはベンチの片隅で、冷たくなった私の抜け殻、あの人を、さがして遥かに、飛び立つ陰よ。

つまり、「あの人」に涙を流してもらえるという、「あの人」の生への置き換えでの、死の一時性を克服するだけではなく、自分が鳩になって生き返り、「あの人」を自ら探しに飛び立つという、積極的な生の継続性を確保するというものであった。

本気で死を考える人には、心中の場合でも、個人的な場面でも、また心を一つにする心情に駆られた同志のような死の場面にも、一瞬の死という現象で生を締めくくるという発想は持たないのではないか。むしろ死して生きるというあり方を、どんな時代にあっても、人間は持つことのできる存在である。いや、持とうとする存在であるに違いない。

それは、無抵抗、不服従主義を貫いて植民地である祖国に独立をもたらしたマハトマ・ガンジー（Gandhi, Mahatma, 1869-1948）の心情と行動にも、類似するものを見出そうと試みるのは無謀であろうか。ガンジーは、人間の生き方としての「自由と生」の思想により、ときには宗教を超えてそれを達成することを目標にした。そのとき何時死を迎えてもよいという「死して生きる覚悟」がそこにはあったと見る。「武士道とは死ぬことと見つけたり」よりガンジーの行動は、誰の眼にも死の覚悟がはっきりしていたのである。ヒンドゥー教とマホメット教の混成社会であったインドでは、この二つの宗教の同調を優先して立ち向かうことが、植民地支配者へのアピールとして重

図4−4　ガンジー・マハトマ

要であった。その結果、相対する二つの宗教を無理やり融合させようと見られたことで、ヒンドゥー至上主義者に暗殺されることで命を絶ったが、双方の民の自由を得たのである。覚悟は「死して生きる」無抵抗と不服従で目的を達成した。

ガンジーの語録には自身が言う。

明日死ぬかのように生きるのがよい。そして何時までも生き続けるように学ぶのがよい。(Live as if you were to die tomorrow. Learn as if you were to live forever.)

私には何時死んでもよいこころの準備はある、しかし人を殺す覚悟をさせる理由などどこにもない。(I am prepared to die, But there is no cause for which I am prepared to kill.)

人の「死して生きるこころ」は様々な場面に存在し、それらを行動の科学として捉えようとすることは、言うまでもなく人類にとって重要なことである。

3　生きていた証を「死」で実現しようとするこころ（3）――『ヴァニシングポイント』

仏教の基本概念に「生老病死」というものがあり、人間はこの四つの苦しみを背負って生きるものであるとしているが、心理学が追求する人間のこころの働きを分類する場合にも、似たような進め方をすることがある。順序と重みづけが少し違うが、後の三苦である老病死を克服しようとする動機づけが、最初に挙げる生を継続させようとする方向に、こころの働きが向かうとする考え方である。そうすると一つの生への達成動機と老病死という三つの回避動機という構図になり、理論的に違ったものになるという意見も出てくるが、実は生も他の老病死と同列になるという苦のポイントが、仏教概念も心理学的追求にも、働いているのである。

生に苦しみがあり、それは別に四つ挙げられるのである。一つは、生きるためには愛するものとの別れ、二つめは、憎しみを持ってしまうこと、三つ目には、それらを反省したり思考する苦しみ、そして最後の四つ目に、それらへの不満を行動にしてしまう苦しさという、分類された苦しみが補足されている。それぞれを合わせて八苦となり、いわゆる四苦八苦の語源となっているのはよく知られるところである。つまり生も四つの苦労になるのである。これはフラストレーション耐性の対象となる、愛・憎・反省・不満行動（仏教では、愛別離苦、怨憎会苦、求不得苦、五陰盛苦となる）などに当たり、生の中での克服マターとなり、心理学的追求テーマにも類似する。心理学的追求も、その意味では生にも四つの回避動機を設定することもある。生老病死とも回避動機の対象となるのである。

自殺や心中には、この生の苦悩からの脱出思考が理論的に存在しないという訳にはゆかないようである。「曽根崎心中」の徳兵衛やおはつも、生きる上での苦しみからの脱出を受動的心情にし、死んで世間を見返すという積極的心情を加えて、心中という行動に追い込まれていったという解釈が一つの落着点だということができるだろう。

追い込まれていくという点では、生より老病の方が人間には一般的で、特に若い癌患者が持つ心の葛藤などは、まさしく自殺に追い込まれてゆく人の心のプロセスにも似たものを見ることができる。

それを一九七一年に生まれ二〇〇五年四月一四日、三四歳、肺癌でなくなった奥山貴宏さんの手記作品が物語っている。貴宏さんは三一歳で、かなり進行した肺癌と診断され「余命二年、癌です」と医師からの宣告を受けて闘病生活を送り、日記作品「三一歳ガン漂流」「三二歳ガン漂流エヴォリューション」「三三歳ガン漂流ラスト・イグジット」を出版。さらに小説作品『ヴァニシングポイント』を死の三日前に出版した。

癌転移も進み自分の死も近いと感じるようになったころ、オートバイに乗ることが好きで暴走族まがいのライディングも経験したこの作品（ヴァニシングポイント・消滅点）の主人公に、その追い込まれる感覚を次のように言わせている。

オレの走っている道の先には次々とバリケードや検問が敷かれ、完全に袋小路においつめられていた。オレの行く先はブルドーザーで道が封鎖され、道のまわりにはパトカーやライフルを持った警官隊が待ちかまえていて、空からはオレの動きをヘリコプターがトレースしている。ロードサイドには物見高い見物客が集まり始めている。

もう逃げられなかった。もう、引き返すことはできなかった。怖くなったからナシ、とか、イヤになったから後戻りなんてことはできない。走るしかなかった。命の限り走るしかなかった。ブルドーザーの先にはなにもなく、そこが自分の「消滅点」になることも分かっていた。

どんどん追い込まれていく心理的状況を、冷静にとてもよく書き込んでいる。病で死ぬときも、心中や自殺のときのように追い込まれてゆく心理状況が類似していることはよく分かる。同じなのである。

しかし心中や自殺は積極的な死に向かう覚悟や、死ぬことによって生きる苦しみを脱することのほか、さらに生き残っている世間に訴える積極的なメッセージ発信の目的がある。病で死ぬときにはそのような積極的な心の働きは存在しないのだろうか。それが、あるのである。

作品の二七二ページに、

オレはもう死を受け入れてしまっているし、死ぬ覚悟もできている。カッコ付けではなくて、本当にそう思っている。でも覚悟は出来ていても、恐怖がない訳ではない。死にたい訳でもない。死ぬことは恐ろしいし、消えることも同様だ。ただ自分のからだがこの世から消えること以上に、人々の記憶からオレが消えてしまうのが怖い。俺が死んだときぐらいはみんな泣いてくれるだろう。

覚悟でさえも同じようにできているということだ。ところでそこには積極的なメッセージ発信の目的性は見られるのだろうか。

それが分かっているから、こんな長い文章を長々と書いたのだろう。別に遺書のつもりで書いた訳ではないし、誰かに教訓を残したいのでもない。ただ、こういう人間がかつて存在していたってことを、この文章を読むことによって知って欲しい。オレが経験した気分を読者にも共有してもらえればと思う。

やはり、この作品を出版しようとしていることは、死ぬこと自体をメッセージの対象にするのではなく、時間をかけた作品にメッセージを残すという行為である。しかし病で死ぬことにも、自殺や・心中のような行動の結末の中にも、死に向かって追い込まれてゆく心理状況、生きていたときの証を残したいという心の働き、は同じなのである。死に逝く覚悟の成立、メッセージの発信の二点は、病の死にも共通している。誰でも死に向かって覚悟すべき時間を迎えるときは、その時間認識間隔の長さは違っても、人のこころは同じ心境に入ることを示唆しているのではないだろうか。

ただし、ヴァニシングポイントは次のステップに入る。

それは痛みや苦痛を分かち合いたいのではなく、生きていることがどれくらい凄いかってことを感じてもらいたいからだ。苦痛や絶望、怒り、悲しみ、そういったものも全部人生に含まれるし、むしろそういったものがなかったらかえって人生なんてつまらないものになると思う。絶望があるからこそ希望は生まれるし、悲しみがあるから喜びも格別のものになるって訳だ。

生きていることの凄さを語ることによって締めくくるところは、自殺や心中と違うのではないかと考える人もいるに違いないので付け加えておきたい。

「曽根崎心中」の最後のくだりを改めて見てみたい。「……貴賤群集の回向《えこう》の種末来成仏類なき恋の。手本となりにけり」。

徳兵衛とおはつの発言ではない。コレは近松門左衛門が最後に付け加えた心中の結末文である。心中の当事者たちの発言でなくとも、当時の人々に受ける文言であったということには、反論を持つ人たちもいたには違いないが、当時、受け入れられやすかった心情の一つであろう。

つまり、ここでも奥山さんのように、生きることの素晴らしさを伝えているポイントがあると見ることもできるはずである。生きて恋をする人々のため、素晴らしい手本となることを心中で示したと言えないことはない。

どのようなものであっても、死はあくまで生きることの素晴らしさを浮き彫りにするためにある、という認識が現代人の心の成立構造の中にも、しっかりと埋め込まれているということではないだろうか。

第5章 死を見極めるこころ

1　死して社会的存在を達成する美学――三島由紀夫

「皆さんに間違ったことは何もありませんでした。すべては私たち先生が悪かった。迷惑をかけるが、補習授業はしっかり受けてくれるようお願いしたい。ここに一命を添えて（副えて）お願いいたします」という遺書を残して首吊り自殺した（二〇〇六年一〇月二九日）高久裕一郎（高等学校長）。

自分の預かる高校で卒業を半年後に控えた三年生に、教育法で決められた単位を取得できない可能性を指摘され、受験を控えた三年生に、時間的には過酷な補習授業を強要せざるをえなくなった高校長の苦悩の行き着く死であった。さらには、自分の預かる高校生全員に向かって死んでお詫びする姿である。

生命を副えてとは、「嵐の荒海に生け贄えを捧げて嵐を沈めようとした神話」のように、生命を捧げて生きているものを救いの状態に置くという発想が見られるものではないだろうか。日本人の歴史にはこれに近いものがよく見られ、その死は高い評価のうちに日本人の心には、馴染んでしまうように見える。唐突だが三島由紀夫の死も、その時点での日本国民のために、自分を生け贄に捧げることで救おうするような発想法が背景にあったとする評価も耳にすることがある。

しかし、少し違うところもあるのかもしれない。三島の心理を推測しながら死をある意味で極めようとする人の心に迫ってみようと思う。

彼の死の直前に虫明亜呂無氏によって編纂中であった「三島由紀夫文学論集」によると、昭和二八年（一九五三年）九月二五日に書かれた「死の分量」という短文（どこに書かれていたものかは、そのときに分からなくなってはいたが）に、自決の一七年前つまり二八歳のときに、死の予告は、三島自身の文章で宣言されていたのである。

それを引用しておこう。


コロンブスがアメリカを発見して世界の次元が変わった。……

（中略）

われわれはもう個人の死というものを信じていないし、われわれの死は自然死にもあれ戦死にもあれ、個性的なところはひとつもない。しかし死は厳密に個人的な事柄で、誰も自分以外の死をわが身に引き受けることはできないのだ。死がこんな風に個性を失ったのには、近代生活の劃一化と劃一化された生活様式の世界的普及による世界像の単一化が原因している。

ところで原子爆弾は数十万の人間を一瞬のうちに屠るが、この事実から来る終末感、世界滅亡の感覚は、おそらく大砲が発明された時代に、大砲によって数百の人間が滅ぼされるという新鮮な事実のもたらした感覚と同等のものなのだ。小さな封建国家の滅亡は、世界の滅亡と同様の感覚的事実であった。われわれの原子爆弾に対する恐怖には、われわれの世界像の拡大と単一化が、あずかって力あるのだ。原爆の国連管理がやかましくいわれているが、国連を生んだ思想は、同時に原子爆弾を生まざるをえず、世界国家の理想と原子爆弾にたいする恐怖とは、互いに力を貸し合っているのである。

交通機関の発達と、わずか二つの政治勢力の世界的な対立とは、われわれの抱く世界像を拡大すると同時に狭窄にする。原子爆弾の招来する死者の数は、われわれの時代の世界像に、皮肉なほどしっくりしている。世界がはっきり二大勢力に二分されれば、世界の半分は一瞬に滅亡させる破壊力が発明されることは必至である。

しかし決してわれわれは他人の死を死ぬのではない。原爆で死んでも、脳溢血で死んでも、個々人の死の分量は同じなのである。原爆から新たなケンタウロスの神話を創造するような錯覚に狂奔せずに、自分の死の分量を明確に見極めた人が、これからの世界で本当に勇気を持った人間になるだろう。まず個人が復活しなければならないのだ。

四五歳で自らの命を絶ったその一二年前、三三歳のときには、どのようなことでもいい、自分の死の分量を明確に見極める、つまり自分の死に方に美学を見つける発想を持って、死の宣言をしていたのである。なおこの文章が公にされる『三島由紀夫文学論集』は一九六九年、死の一年前という時期、三島が自ら企画し編集を虫明亜呂無氏に依頼したという、きわめて計画的なものであった。個別の死としてのあり方を三〇代前半にはすでに計画していたというところには特別な日本人を想定せざるをえない。確かにこの文章にもあるように戦死と自然死を対比させるなど、二〇歳のとき終戦を迎えている年齢層であることを思うに、同僚たちの特攻隊員としての死など、通常では考えられない特殊な死生観をもたらす環境が、三島を揺り動かしたという仮定も可能性として残る。

昭和四〇年（一九六五年）死の五年間前から二年半ばかり掲載した批評「太陽と鉄」の中に（『三島由紀夫の美学講座』谷川渥編、筑摩書房に紹介）「表面」の深みという短文を書いている。

男はなぜ、壮烈な死によってだけ美と関わるのであろうか。（中略）男とはふだんは自己の客体化を絶対に容認しないものであって、最高の行動を通してのみ客体化され得るが、それはおそらく死の瞬間であり、実際に見られなくても「見られる」犠牲が許され、客体としての美が許されるのは、この瞬間だけなのである。特攻隊の美とはかくの如きものであり、それは精神的にのみならず、男性一般から、超エロティックに美と認められる。しかもこの場合の媒体をなすものは、常人の企て及ばぬ壮烈な英雄的行為なのであり、従ってそこには無媒介の客体化は成り立たない。このような美を媒介する最高の行動の瞬間に対して、言葉は如何に接近しても、飛行物体が永遠に光速に達しないように、単なる近似値にとどまるのである。

このように、壮絶な死、最高の行動、特攻隊の美という三つのキーワードで、自らの死の五年前には、はっきり特攻隊を意識した死の瞬間を男の最高の行動として自らの行動に結びつけ、それを美学とする計画性を裏づけようとしていたように評する三島由紀夫論が多いのも十分うなずけるところであろう。

しかしそれ以上に三島自身には、早くから蓄積された幅広い人間観、世界観、宇宙観などの総合的な知識が、個別の死と人類の特有の社会的な大量死の道のりの同一性を見極めさせていたに違いない。文面には空間的大量殺人の愚かさの成り行きを憂えるように見えるが、人間の死の認識が時間と空間の一致を認識することに結びつく実践を見せたものであったとするのはどうだろうか。
前の引用にある個別の死と大量の死を思考する一種の終末論（個人が死んでもその人間（存在）にとって世界は消え、大量に人間が死んでも一人ひとりの世界の認識がそれぞれ同じように一人ひとりから消える）を示唆しているし、後の引用にしても光速と近似値のような宇宙の物理学的、哲学的テーマを明らかに思考している。アインシュタインの思考の原点となった光速を取り出し、ここではその相対性理論で明瞭にされた時間と空間の一致が人間の死に関わる美の認識にもつながる明らかな示唆なのではないだろうか。

さらに三島由紀夫はその一一月の死の年の四月に新潮社が『谷崎潤一郎全集』を発刊するにあたり解説文を依頼され、谷崎潤一郎作品にそれまでとは違った逆照明を当てたいという理由で、その光源として「金色の死」を挙げて解説文を脱稿している。

そこには「金色の死」の主人公に託した谷崎の死の美の追求を、三島の心に合致するかのごとき表現で評価している。つまり、男は美の創造者と体現者の一人二役を担うべきだということや、芸術家と芸術作品を一身にかねることで自分の美を自分自身が保障するという主人公を評価する。また金粉が皮膚呼吸を停止させ、自分の内面には何も存在しなくなる瞬間、つまり死体になった瞬間に自分の意図した美が完成するなどという評価は、その半年後の三島の死そのものでないと言える人は数少ないに違いない。死を見極めようとする男の心のあり方の例となるだろう。

図5－1　自衛隊の三島由紀夫

三島は誕生以前の世界から現世、そして死後の世界を含む時間の永遠性などの中で死を見極めるのではなく、現世の存在の神秘を死の瞬間の一点に焦点を合わせ、現世の存在を意義づけ、そこですべてが昇華するとした。つまり、自分の死後に残る生きる人々のための生贄えとして、死を考えるのではなく、死の瞬間こころはどのような世界に遭遇するのかを見極めることに焦点を合わせた。その死を美しいものとすることが、特攻で瞬間（短い人生という瞬間と、生命を散らす瞬間の二重の意味を持っていた）に散っていった多くの同年代の魂に、捧げる生贄えとなる意識があったのかどうかは、三島だけが知っている。

2　死を自然との同化として実現する美学——空海の入定

空海の死に関する美学はまた複雑である。死ぬことに美を見つけるというよりは、生き方の中に美を求めるのだが、それは常に死を意識していることだというものであった。大日如来に象徴される宇宙の真理を認識し、その大日如来と生きているうちに一体化する心を持つことが〝即身成仏〟だ、とする空海の〝生の美学〟は有名で、一方では成仏という〝死〟を美学としていることに通じている。

司馬遼太郎は『空海の風景』でそのことを述べている。

（中略）自然の本質と原理と機能が大日如来そのものであり、そのものは本来、数でいう零である。零とは宇宙のすべてが包含されているものだが、その零に自己を即身のまま同一化することが、空海の言う即身成仏ということであろう。（中略）

即身成仏は、念仏を唱えながら生き埋めにされ、死んで逝く即身仏とは違って、生きているときの宗教的認識（信仰心）の最終的到達点としての、空海が会得した密教の教えであった。だから即身成仏とは、世に生きる存在のままでいながら成仏することで、人間が普通では自覚しない潜在的な「仏性」に自ら気づくこと、目覚めるということであるとされる。つまり生きて気づくことなのであり、成仏は死ぬことではないともいうことになる。

しかし空海は、四三歳のとき嵯峨天皇から賜った紀伊国伊都郡高野山に六一歳になってようやく来ることのできた八三四年（承和元年）の暮れ、死の四カ月前に弟子たちを集め、自分の死を翌年三月二一日であると宣言したという。さらに死の直前三月一五日にも再び弟子たちを集め、次のように語ったと、「御遺告」に残されているようである。

「われ開眼の後、必ず兜率天に往生し、弥勒慈尊の御前に侍るべし」。

この予告通り三月二一日に死んだ。死をも美学的に演出したのである。『続日本書紀』には、火葬されたらしい記述が残されているが、空海はなお生き続けているという言い伝えとともに、その通りの状態を裏づける儀式（？）が、高野山の僧侶たちによって、現在も執り行われている。毎日、空海の入定《にゅうじょう》（死んだのではなく生きて修行している）した石棺のある御廟に、二回の食事が運ばれるのである。食事は単なる儀式用の供え物の形ではなく、生存に十分の量のご飯と野菜の煮物、胡麻豆腐などで、献立は毎日変わるそうである。さらに夏には扇子、冬には火鉢も添えられるという。

この儀式は、弟子たちが自分たちの食事の残りを全部集めて、空海

図5－2　高野山奥の院に毎朝空海に捧げる膳が運ばれる

の御廟に備えたのが始まりらしいと伝わる。空海死後二〇〇年ほど経って、空海の研究を行った済暹（一〇二五―一一一五）という人物の「弘法大師御入定勘決記」が、その後のこの儀式のあり方にも大きな影響を与えたと見てよいようである。済暹は、生涯九〇年をかけて空海の本格的研究をしたが、弘法大師の入滅（一般的に僧の死は肉体的死を表す〝入滅〟が使われ〝入定〟は使われない）を認めず、生きてこの世に留まっている〝入定〟を強く主張し、読むものを納得させたと言われている。

空海の生涯は波乱万丈であった。七七四年（宝亀五年）讃岐国多度郡弘田郡屏風浦（香川県善通寺市）に、佐伯直田公を父に、阿刀氏の母から誕生。父の佐伯氏は、「さえぎる」という意味を持った苗字と考えられ、外来巨大勢力である大和朝廷の全国展開を〝さえぎる〟、東国の原住民であったと司馬遼太郎もしているが、朝廷軍（日本武尊）の勝利で抵抗した東北地方から大和に連行されたが、中央政府のある畿内から距離を置いた四国や中国などに強制移住させられた毛人、蝦夷が先祖とされる。この血がかなり大胆な行動を取るその後の空海の価値観の形成にも影響があると見られるところもある。しかし当時はすでに佐伯今毛人《さえきいまえみし》（この時代にも明らかに毛人・蝦夷の呼び名がついているが……）のように、東大寺大仏の建立や、長岡遷都、平安遷都、遣唐使といった国家的事業を任される桓武天皇時代の実力者も存在するようになっていた。だから佐伯今毛人の系統である空海の苗字が、空海の遣唐使としての渡海に好影響があったという研究もある。また、桓武天皇の皇子、伊予親王の個人教授だった阿刀大足の、姉か妹であった母の血筋も渡海のための、直接的な好影響を持つという説も強く存在している。

空海の生まれ育ち死んで逝った八世紀後半から九世紀前半は、激動の時代であった。日本の社会、つまり大和政権もまだまだ未完成であった。日本列島の掌握についても東北地方は別の国であったと言ってよいほどで、坂上田村麻呂が遠征拠点を置くというほどのところであった。中央権力のまとめも、人民のこころと生活の現場の掌握には、旧都奈良仏教界の宗教的組織力と、中央政府の朝廷とがちぐはぐとなり、桓武天皇は平城京から長岡に遷都をしてまで新政権の集権化を狙う、一大国家事業を推進中の言わば乱世であった。

さらに、その直後には平安京に遷都するようなあわただしい世の中だったのである。

一方、空海が渡海してその奥義を得ようとした「大日経」や「金剛頂経」と言われる密教の根本経典は、これもまだインドで成立したばかりで、中国で漢訳されてからも、それほど時間も経っていないころであった。第七代の密教の祖師恵果の師、第六代不空まではすべてインドから来唐して来たインド僧であり、密教が最高位の法王を意味する阿闍梨（師匠）位を譲られた恵果が最初の中国僧だったという時代だったのだ。

その恵果から阿闍梨位を譲り渡される灌頂を、わずかの期間の長安滞在中に終えた空海は、インド・中国・日本へと密教の正統後継者が国際展開するほどの、波乱状態の最中に居合わせたという運命を持った。実はその密教の影響下にあった大乗仏教は、当時の新興宗教であったイスラームの圧迫を受けてチベットに追いやられていたが、七世紀の後半に中国唐に伝来したばかりだったのだ。その「大日経」に空海はすでに二四歳を超えた（史料的に不明な数年の）そのころまでに、日本の山岳修業で得ていたというほど、世界は波乱含みで活発に人と文化の往来を持っていたことになる。つまりある種の世界的乱世でもあったと見てよいだろう。農民と考えられる一般的生活者ではなく、一摑みの社会的リーダーのポストにある人たちにとってということになるだろうが、波乱万丈、特に若者にとっては楽しい生涯を送ることのできる時代であったとも言えそうである。

そんな時代にもかかわらず、いやそのような時代だったからこそ、新しい知識の波も打ち寄せるようにやって来たのかもしれない。空海は当時の文明展開や文化情報の限りに取り組んで、人間と宇宙の存在の関係について逞しい思考の領域に踏み込んだのである。その宇宙に存在する人間の生と死を追求する心が、空海の死の美学を成立させたと言えるであろう。

『性霊集』の巻一「入山興」という詩に、空海は「法身の里」という言葉を使っているが、この「法身」について、空海の研究者竹内信夫は『空海入門』に、次のように紹介している。

「法身」というのは、遍く存在するもの（仏教ではそれを「法界」といいます）の象徴であるビルシャナのことです。宇宙そのもの、あるいは大自然そのものと考えておけばよいと思います。密教の修業の最終目的はこの「法身」の境位に悟入すること、それとの宗教的一体感を自己の全存在を持って体得することです。この「法身」の中に「我」を悟入せしめ、「我」のなかに「法身」を呼び込むことそれが修業の究極の目的、求道の最終の階梯です。真言密教ではそれを「入我我入」という言葉で言い表します。……

非常にコンパクトに空海が得た宇宙と生命の認識を紹介している。デカルト、カントらが紹介した「認識論」によって、人類がやっと発掘できたものと思っている一つの心のよりどころには、その数百年前にすでに空海がすでに踏み込んでいた。

すなわち、人間が認識するから宇宙も存在する、私が死んで認識しなければ、宇宙は存在しない。しかし、人類全部が絶えても、宇宙は存在しうるという認識も可能とする人間の認識力（科学的には間違いかもしれないが……）を、満足させる必要もある。だから逆に宇宙は、人類の認識を誘導する時空の一体化理論として、数学と実験観察でアインシュタインが相対性理論の形で人類に到達させた。つまり、宇宙と人間も一体なのだということが大切なのである。私たちは何億光年もの星と数十秒前の月面をも同時に自分の目の前に存在するモノとして認識できることに気づかされている。空海は高野山の山上で、その何億年前も数十秒前も、同時に今認識する空間、そこにある時間と空間の一体となった認識を、遠の昔に、生命の力を悟る領域として心の働きの中に踏み込ませていたのではなかったか。それが「入我我入」としているように思えてくるのである。

密教が捉えた「唯識」は、人の時間・空間の認識を上回り、さらに認識ということ自体を左右する生命の力を包括するものとして考えるべきものとするなら、空海が目指した「入我我入」は、とてもスケールの大きな認識論ということになる。宇宙の大きさに比べれば人間はけし粒以下であるにもかかわらず、人間の心に描かれる宇宙だけが宇宙なのであって、人間がいなければ宇宙は存在しない。人間が最も大きな存在にもなる。そのことが「入我我入」の境地から導き出されることが可能なのである。だから空海は、人の心のつながりが一番大きな力となることを知っていた。満願池の改修事業を当時の技術ではとてもできそうもないと思われていたのに、わずか三カ月でやり遂げるというような、物理的事柄にも空海は、人間の心を引きつける思考を作業者にも植えつけて達成したと考えられるが、すべて空間と時間との関係を人の心でつなぎ合わせて実行できたものに違いない。

空海にとっては死と生とはこれもまた一体で、生きていることに大きな意味があった。だから東大寺、高尾山寺、乙訓寺、東寺などの重要な役に就き、当時の空海の周りに起こる、人間くさい巷の世界にも首は突っ込んだ。しかし、空海には深山であった高野山に入って、修業時代のこころの純粋性や到達点の感触を得ること、つまり人間と宇宙を一体化する、生と死を一体化する、時間と空間を一体化する、そのような境地を深山に自分の身を置いて確かめることも諦めはしなかった。

「入山興」にあるように、浮華名利、火宅（欲望と虚栄のシャバ）、を離れ、深寒、南山の松石、南嶽の清流に身を置くことを思考したのである。その寒い深山の松や岩、清流だけが相手の脱人間社会で、空海は「入我我入」の境地に入り、大日如来に身を寄せ、大日如来を心に浮かべ、さらには大日如来になりきる。つまり、宇宙（自然）と一体になり、生死の境界を越えた、生命の昇華のような世界に入るという、自己精神分析的世界に入ったのである。六〇歳少し前には、特に死の迫ったことを知った時期には、その境地確保のために若いときから目指していた高野山を我がものとする許可を人間社会から得て、そこで死と生の一体化を演出することにしたのである。幸せな一生であった。今なお生きているという扱いを受けるというおまけつきで……。

3　最高権力者に「死ね」と言わせて命を絶つ演出――利休の自害

利休の生き方に戦国という、乱世の象徴とでも言える時代のバックグラウンドが大きくのさばっているのは、空海にも、三島由紀夫にも、人生に波乱万丈をもたらす社会的背景があったのと共通している。死を見極めるという人生の終末観、つまり人が正常に死ぬ状況ではない自然死以外の死に方には、環境対応という経験の中に組み込まれる波乱な機会の多寡に影響される度合いが大きい。

利休は一五二二年（大永二年）に大阪・堺の倉庫業（納屋衆）を営む大商家、魚問屋「ととや」田中与兵衛の息子として生まれ、幼名は与四郎。早くから跡取りとしての教養を身につけるため、茶の湯に親しんだ。一八歳のときには当時の茶の湯第一人者、武野紹鷗の門を叩いた。紹鷗は自分の生まれた年に亡くなったという「詫び茶の祖」と言われる村田珠光を心の師としていたというが、その村田珠光の師は一休和尚で、茶と向き合う精神を重視した〝人間の心の成長〟を茶の湯の目的としていた。当時大阪・堺は戦国の最中にあって大名には支配されず、水路で街を囲い、浪人をやとって警備をする、言わば独立国的な位置づけにあった。大名たちも一目を置く領域であったが、信長が一五六八年（永禄一一年）足利義昭を奉じて入京したその年、堺に矢銭（軍資金）を課した。堺の町衆は「長いものに巻かれろ」流の恭順派と抗戦派に分かれたが、恭順派として織田信長に近づいた商人で、茶人でもあった津田宗及、今井宗久に関係のあった利休（当時は宗易という法号）は、信長に茶頭として仕えることになった。

当時戦国期の大名たちは戦いに明け暮れる中で、人間的な生き方を確保したい「たしなみ」の対象を一休和尚以来の〝茶の湯〟に求めていたようである。信長の茶の湯への執着心は特に強かった。利休は信長の敵・松永久秀の茶会に一五六五年（永禄八年）招かれ、茶匠として四三歳で名を現していた。信長の茶頭になる三年前であった。松永久秀は信長の奉じた足利義昭の前の将軍義輝を殺した武将で、信長は、彼が持っていた名物茶釜「平蜘蛛釜」が欲しくてかなわず、一五七七年（天正五年）、大和・信貴山城にこもった久秀に「平蜘蛛釜」を渡せば命は保障する」とまで言ったが、久秀はその茶釜に火薬を詰め、釜もろとも自爆死したというエピソードもあるほどである。その信長はその五年後一五八二年（天正一〇年）の大茶会を開いた本能寺で、その夜、明智光秀の謀反で数々の名茶道具とともに炎と散った。利休六〇歳のときであった。

織田信長の死後、後継者となった羽柴秀吉が一五八五年（天正一三年）関白就任（その翌年豊臣姓を賜っている）に際し就任御礼の禁裏茶会を開いたが、正親町天皇に献茶する秀吉の後見役を、利休が務めた。〝利休〟号は、このとき町人の身分では参加できないので正親町天皇から与えられた居士号であり、六四歳のそれまで茶人としては〝宗易〟という法号で過ごしてきた。

さらに一五八六年（天正一四年）二月旧平安京大内裏に着工し、一五八七年（天正一五年）竣工なった聚楽第へ、九月一三日大阪城から居を移した秀吉は、一〇月一日京都・天満宮で町人、百姓、外国人（唐国）まで集めた、あの有名な〝北野大茶湯〟を開いたが、それを主として推進した利休は、単に茶頭としてではなく、言わば秀吉の側近の色を濃くしていた上に、天下一の茶匠の名を不動にし、名声をほしいままにすることになった。聚楽第の中に利休の屋敷も設けられた。六五歳であった。

この絶頂期のころ、利休は後に茶道と言われ、〝禅の精神と結んだ修練を通じて人間形成をはかり、和敬清寂の世界に入る道〟とするような茶の湯の世界を、広めてゆくことになる。その精神はもちろん、村田珠光が始め、武野紹鷗が洗練したものだが、利休が為政者の力をも傘に、茶の湯の道具から茶室（数奇屋）まで、多角的に物質的な角度で見る分野に至るまで配慮し、茶の湯の精神性を深化させ、大成したのである。

織田信長や豊臣秀吉ら、むしろ支配的立場を持った一部のものが、茶を飲むことを通じて「人間らしいあり方の追求」として捉えた、①社交の儀礼、②風流のたしなみ、③総合的な人間形成の道、という三つの意味を、人間なら誰にも生活意識や価値観の確保にふさわしい道として、後々の人々に残す基礎を作り上げたと言えるだろう。

禅と結びついた茶道という概念が成立し始めた元禄時代には、一七文字でこころを読み上げる俳諧の精神を確立し、大きく見れば宇宙創造の何たるかを追い求め、その神秘の中に突き進む精神作用を重視し、人間の価値観確立への道を開きつつあった松尾芭蕉も、利休を同じ志の人間であったと評している。元禄元年の「笈の小文」の一部を引用すると

〈中略〉西行の和歌における、宗祇の連歌における、雪舟の絵における、利休が茶における、その貫道するものは一なり。しかも風雅におけるもの、造化に随ひて四時を友とす。見るところ、花にあらずということなし、思う所、月にあらずということなし。像《かたち》、花にあらざる時は、夷狄《いてき》にひとし。心、花にあらざる時は、鳥獣に類す。……

〈引用者注〉

＊貫道：荘子の斉物論に「道は通じて一となす」とるが、道の根本を貫くことである。

＊風雅におけるもの、造化に随ひて四時を友とす：風雅の世界に身を置くものは、宇宙の根源的実在、つまり宇宙の神秘である生が始まり死に至る繰り返しが、無限に続くという〝造化〟の作用に従っていて、さらにその造化の働きで生じる四季の不断の運行や変化をこころの友としている。

＊見るところ、花にあらずということなし：すべて見るものを、美しく（花のように）感じ取れる。

＊思う所、月にあらずということなし：心に描くものは、すべて美しく（月のように）感じ取れる。

＊像、花にあらざる時は、夷狄にひとし。心、花にあらざる時は、鳥獣に類す：眼から得てこころに映るものが美しいと感じないときは、心が野蛮人のものであり、心に思い描くことに美しさを感じないときは、こころが野獣と同じだということになる。

利休の茶を飲むというたった一つの単純なことにも、宇宙の神秘を人間の生命の中に見ていた、と芭蕉は評しているのである。

その利休が、一五九一年（天正一九年）秀吉の突然の命により切腹となったのである。理由は不明である。その後に推測される理由の最有力なものは、大徳寺楼門の改築にあたって、自分の木造を楼門の二階に設置したことに、秀吉が怒ったことである。他には、世間では茶聖となった利休の鑑定で、茶碗など茶道具の値段も決まるので、秀吉が自分の持つ道具の値段も利休に決められる「やっかみ」と、利休が勝手に高値をつけた茶碗などで利益を得ているという噂に、秀吉が怒ったこと。利休の娘を大奥奉公に招聘したが断られたのに怒った。秀吉の朝鮮出兵に反対したので怒った。などなど様々な、もっともらしい理由が噂されたが、どれももっともらしいが信憑性を欠いているとされていて、死後四百数十年でも不明のままである。

そこで筆者が思うのは、見出し通りの結論である。世の最高権威者に「死ね」と言わせて死ぬ美学である。あの北野大茶湯のときには、利休は現在の長寿社会ですら定年後という六五歳になっていた。つまり晩年になってから、戦って権力を得た人間を手玉に取って、戦わずして乱世を自分の意志に従わせる痛快さを経験するほどのことになった。しかし利休はそのことにのぼせ上がっていたのではない。それにこの戦国期の様々な死の姿を経験してきた為政者が、ことに他人に課す理不尽な死をも数々目撃してきた。一方、自分の運のよさは十分に噛みしめてもいたに違いない。精神的な世界で最高権力の上に立つ存在となった自らの死は、その最高権力者に「死ね」と言わせて死ぬのが最高の死に方！　七〇歳を目標に。そのための切腹の理由と推測してよいのではないか。先述の様々な噂なども、ことはすべて利休演出の累積であったのだ。

利休は一度すべての役を奪われ堺に蟄居を命ぜられたが、京・聚楽第に呼び戻された。一五九一年（天正一九年）二月二五日、菅原道真の命日であった。その日に利休が残した直筆の辞世の句がある。

人生七十《じんせいななじゅう》
力囲希咄《りきいきとつ》
吾這寶剣《わがこのほうけん》
祖佛共殺《そぶつともにころす》
提《ひっさぐ》る吾具足《わがぐそく》の一太刀《ひとたち》
今此時《いまこのとき》ぞ天《てん》に抛《なげう》つ
天正十九年仲春二十五日　利休宗易居士　（花押あり）

最後のくだりには、予定通りの人生を大いに喜んでいる気持が現れている。「天になげうつ」は、天神様となった道真の命日であったことも意識していたのに違いない。二七日そこ聚楽第で介錯は必要ないほど、腹に深く太刀を差し込んで自害したという。

さて、それぞれの死を極めるということの共通点は何だったのか。今でこそ時間と空間は、数学的、物理学的、哲学的、科学的に証明されていると言ってよいようだが、その時空の一体という宇宙の神秘に、生命すなわち生と死の神秘とを融合させる〝思考の到達点〟を獲得できた人間の心の状態だ、と見ることはできないだろうか。

第6章 他人の死を望むこころと行動

1 復讐心・憎むこころの成立──赤穂浪士の行動とこころ

事件後三〇〇年以上経つ現代社会でも、話題となり続ける「元禄赤穂事件」は、主君赤穂藩主浅野内匠頭長矩が「遺恨あり」として江戸城殿中〝松の廊下〟で斬りつけ、討ちもらして切腹処分となった相手吉良上野介義央を、赤穂藩の家臣四七人が仇討ち（敵討ち）した事件である。

なぜ、浅野内匠頭長矩が吉良上野介義央を討たねばならなかったかの理由は、推測の範囲で吉良上野介義央の賄賂好きに浅野内匠頭長矩が応えないことへの意地悪説や、突然の逆上説、赤穂塩と吉良塩の競争説など、色々ある

図６－１　“松の廊下”の場面

がどれも真に迫るものではない。ただ、〝松の廊下〟で浅野内匠頭を捕らえた旗本梶川与惣兵衛の「梶川筆記」にも、即日切腹という極めて異例な処分の中、取り調べをした幕府目付け多門八郎重共の「多門筆記」にも、浅野内匠頭が「遺恨あり」と言ったことだけは記録されているというからには、浅野内匠頭長矩が吉良上野介義央には何らかの遺恨を持っていたことは事実であるに違いない。それが相手の死を望むほどのものであったという主君の心情を理解する臣下たちには、当時の武士道としての追求姿勢で訓練された「主君に対する忠義と献身」の心に共鳴し、一もなく二もなく「あだ討ち」の動機づけが最大のテンションに達する。

つまり、主君が彼の死を望んだ吉良上野介義央を討ち殺そうとする計画、自分たちの死を賭してもやり遂げる志を持ったのは当たり前ということになる。それができない赤穂浪士は、武士の風上にも置けないということ、社会一般の見方も当然であったとする事情分析の収め方が、事件への最短距離だとされてきた。

現代人でさえも、一方では報復殺人の計画も行為も、すべては禁止されるべきものとしながら、赤穂浪士のような「うらみ・報復・殺人」の連鎖で成立する心の動きで「他人の死を望む行為」を、正当化意識に結びつけてしまう矛盾をそのまま受け入れてしまう「意識のトリック」に取りつかれているかのようである。人間の「他人の死を望むこころ」は、それぞれの文化の中で長い歴史を経て稼働する社会的教育システムによって、現代社会ではほぼ打ち消され、際限のない報復の連続を中止するための報復禁止の、理屈を確保するに至っているとしてはいるものの、第一次記憶つまり本能を持った動物として、心の底辺から「許しの心」が浮かび上がるようなこころ存在を、確認し合えるような状態にはないのではあるまいか。

このことは、現代社会で人類が到達している「ある種の理想の生き方」への道のりの一角として、それぞれの文化が担う国内法では、禁止された報復行為（殺人を含む）だが、国際法ではまだ手つかずのままであることにも触れなければならない。国際法では報復は正当化されていて、二一世紀にもそのための戦争は起きているのである。

またそれだけではない。赤穂浪士が報復行為に出た結果だけを見ると、以上のような、忠義・服従・献身の論理的行為の上に立った、単純なパターンで理解されるものであったのかどうかを問う必要もあるのではないか。

そこで分析を進めてみたいのは、赤穂浪士の報復行為に至る複雑なこころの動きについてである。つまり、他人の「死を望むこころ」を動かす「個人のこころ」の分析ということになる。

先にも述べた〝武士道〟とは、「死ぬことと見つけたり」と言われる、主君に対する忠義と献身の証を死につなげるあり方がその精神、つまりこころを表現する柱に建てられていたことである。

しかし、主君が殺したいと思った相手を殺すというような単純な心の到達点だけが、忠義・献身を表現するものとしたのだっただろうか。

決してそんなものではなかったようである。即日切腹という異例で且つひどい仕打ちとされる幕府・徳川綱吉の決定には、赤穂藩の取り潰し、すなわち御家断絶、城地返上、親族閉門が伴っていたこと、それも即日の決定に問題の端緒があったと見る必要がある。家臣たちはその日のうちに藩士から浪人の身分となっていたのである。その個人の生存にまで関わる決定に対する反抗心から始まるのはその理不尽さに対する、当然の成り行きであったことも見逃せない。

元禄一四年三月一四日に起こった〝松の廊下〟そして浅野内匠頭の即日切腹の五日後、江戸から急使の萱野三平によって赤穂城内に届けられた、浅野内匠頭の弟浅野大学からの書状を見た筆頭家老大石内蔵助良雄は、すぐに浪人の身分となっていた二〇〇名ばかりの藩士全員に、登城命令を出した。だがその日には第二報の飛脚便でも、原惣右衛門による第三便でも吉良の生死についての情報はなかったのである。二二日、二五日の町飛脚の第四、第五報にもまだその情報は何も得られなかった。しかし、一方では二六日には大石内蔵助の叔父広島藩士小山孫六良速らの開城圧力使節がやってくる。このとき臣下（藩士）いや浪人たちの反応は二つに意見が分かれた。幕府への恭順開城か、裁断への反抗篭城かである。いずれにしても〝死〟をもってする武士の一分〝開城自刃〟と〝篭城交戦死〟の決意である。前者は幕府に恭順で、後者は幕府への反抗を意図していると見てもよいという評価が歴史的にある。つまり、後者を主張した原惣右衛門らの主張は多分、主君の相手吉良上野介はお構いなしという、当時までは当然と考えられてきた「喧嘩両成敗」に準拠しないことに対する、不公平裁断への反抗であった。開城自刃、殉死という死の形で貫く忠誠・献身は、大きいものに巻かれるという「武士道」精神構造を柱にする幕府の管理システム構築の、思惑通りであったのだが、結果としてそれが逆に幕府への反抗と死を結びつけた形に働いた。

あだ討ち・自害という結果的な流れを見る限りは、忠義・献身の連続線上で理解できる方向で浪士たちの心は貫かれていたと言っていいだろう。しかし事件の最初に、幕府への反抗篭城派の浪士たちのこころを動かしたのは、不公平裁断の背景に潜むと考えられていた、綱吉の従一位（母桂昌院の望み）獲得問題であったらしい。そのことに直接関係する天皇の勅使、院使の饗応の最中の事件であったことが重要な意味を持つ。

天皇の勅使への饗応役である浅野内匠頭が仕事中に事件を起こしたということが、将軍綱吉にも余分なバイアスがかかったのに違いないのである。だから「即日切腹という即断が天皇の印象を良くする」と進言した柳沢吉保の存在にも原惣右衛門らは怒ったということである。つまり綱吉の個人的名誉確保達成のための「喧嘩両成敗」無視にも、取り調べ期間の猶予もない不条理にも怒った。

浅野内匠頭長矩の弟浅野大学による御家再興と引き換えにする、篭城、交戦、自刃という構想は、浪士たちを一時的に一つの意志に統一するため、筆頭家老大石内蔵助が取った最初の方策だった。原惣右衛門らの強硬な篭城に反対すれば、家臣の意見がまとまらなくなると考えたからであろう。しかし大石内蔵助は、四月一二日恭順派の城代家老大野九郎兵衛が赤穂を去った後は、むしろその大野が主張した開城切腹に同調した同士八〇名ばかりに、誓紙血判を受けて義盟を結び、逆に開城殉死へと意見をまとめ上げて行ったとされている。

この時期、赤穂藩の浪人たちの心をまとめる大石の目標は、他人の死を望むこころを否定し、御家再興という平和的解決策を志向しているのである。元禄一四年四月一九日開城を確定するための収城使、脇坂淡路守安照が率いる四〇〇～五〇〇名の竜野藩士が赤穂城に到着したとき、大石内蔵助は見事な城明け渡しをしたと伝えられていることでも、そのことは理解できる。その後赤穂の浪士たちは五月末に遠林寺に入ったが住職祐海や、あの原惣右衛門も御家再興を目標に様々な活躍をしたという。

御家再興という平和解決を達成の目標としながら、殉死するという誓紙血判の同志には、時間が経つにつれ、様々な変化も現れてきた。その意志に変化をもたらす同志も現れた。脱盟するもの、親子の意見の相違から自殺するもの。やけになり遊女と心中するもの。それよりリーダーの大石内蔵助が遊びまくっていたのである。本来遊び好きだった大石内蔵助のことだから、本気で遊郭遊びをしていたのかもしれないという論議もあるが、敵の目をくらませるための行為だとする美化論議は、結果よしでその地位を得た。

大石内蔵助が本格的に「仇討ち」に傾くのは、遠林寺の祐海を通じての御家再興が不可能であることを確認することとなった元禄一五年七月一八日であったとされている。幕府が浅野大学長広を広島藩お預かり、という御家再興絶望情報を得たときであった。このとき嘆願で平和解決を目指した幕府への態度は、その反抗意識を含め、武士の一分を果たす実態ある行動が、吉良の殺害・敵討ちである、それしかないという決断になったのであった。

図6－2　「討入り」最終の場面

いずれ自分たちの生命は賭けてしまっている。御家再興があれば、他人の死を望むことを放棄し、自分たちの切腹で済ませる覚悟は、御家再興という社会的解決目標を失ったとたん、原点にある主君の願いをそのまんま目標とする、吉良上野介の殺害へと浪士たちの心はまとまることになっていったのであろう。

元禄一五年七月二八日、大石内蔵助は京都で、かつて誓紙血判をした同志を集め会議を開いた。前年の一二月に江戸本所に居を移すことになった吉良邸を襲う計画を立てたのである。そのとき大石内蔵助は、過去の誓紙血判を一度返却し、命の惜しくなったものがいたら義盟を離脱できる機会を与えたと言われている。一一月五日には大石内蔵助が江戸に到着、一二月一四日に吉良邸で茶会があるので上野介が必ず在邸であるのを確認して、討ち入りはその日と決したときまでに、脱盟者は多く出た。最終的に同士は四七名、つまり後に仮名手本忠臣蔵とされる仮名(いろは四七文字)という表現で表される数となった。

人が他人の死を望む心の成立には、色々なこころの過程を経ることは、どこにでも探せば必ず存在する。初めは平和解決を志向する人のこころも見捨てるべきものではないことも発見する。可能ならば、平和裡に解決策を優先するという事態が存在していたことから見ると、人間はまず平和的にことを進める、というこころが備わっていると考えたくなるところもある。しかし、翻って見ると、現在でも人類は地球上のどこかで、必ず存在すると言っていいほどの、報復殺人の繰り返し(戦争)をしていることを思えば、果たして本当に、人の心の原点に善意(平和裡に解決など）を置くことができるのだろうか。もしできないとすれば、一体どこに問題があるのだろうか。

精神分析の第一人者フロイトも結局は確認できなかった善意、つまり人類が個体として生存する前から、すなわち遺伝子的に記憶された本能として、殺人が否定（禁止）されていないということに通じるものを見なければならないのだろうか。

この赤穂浪士事件の中にも、人間が生存することの原点に、人は「他人の死を望むような、むごいこころの芽は存在しない」という心理分析に至る結論が導き出せることにはならなかった。そこに注目することが、死とこころの科学的追究のテーマにもなるのである。

つまり、この浪士たちのこころにも、本来の人間が持つ本能、あるいは本性、または遺伝子に刷り込まれた第一次記憶には、他者の死を望むこころが存在している可能性の方が大きいと、流れの中で読み取れることになりはしないのか、ということである。もしそうならば、むしろ平和裡に解決しようとするこころの動きは、人間の心の原点ではなく、人間社会にかもし出される社会的存在としての人間の環境対応の姿と理解した方が分かりやすくなる。生身の人間にはむしろ殺意、攻撃性のこころが優位に働き、人類のこころの姿は、社会的に生きる環境で育つという社会性を確保したときに初めて、平和を目指した行動態勢で望む、という見解となる。さらに彼らの行動の原理には、一見平和裡での解決意図、と見える御家再興にもすべて篭城交戦、また開城自刃にも敵討ち切腹にも、すべて死を伴うこころの行動基準（相手の死も自分の死も含め）が働いている、というところに行き着くからである。

赤穂浪士の敵討ちは事件後八年も経ってから、近松門左衛門の浄瑠璃で詳しく紹介されたが、同じ近松の心中もの（先述の「曽根崎心中」）が事件発生後わずか数カ月後に大阪で〝あたりを取る〟という時代にあって少し疑問に感じるのも当然。ちょうどその元禄一五年まで江戸中村座であたりを取っていた「曙曽我の夜討ち」という、当時の五〇〇年も前に起こった曽我兄弟仇討ち（三大仇討ちの一つ：もう一つは荒木又衛門の助太刀があった渡辺数

図6－3　さながら無差別殺人の忠臣蔵討ち入り舞台の浮世絵

馬の「伊賀越えの仇討ち」）の狂言を、幕府が上演中止にしていたこととも関係が深いとされている。そのことだけではない。生類憐れみの令などの運用で、理不尽な様々な規制を強いる綱吉政治への世間の反感が強く現れていたというのである。それでも、事件後四六年も経った寛延元年（一七四八年）に登場した竹田出雲の名作「仮名手本忠臣蔵」が三〇〇年も続いた。その理由の解釈には一人ひとりが、自分のこころに聞き、必ずしも善意が心の核に刻み込まれているとは言えないと、解釈するのが納得しやすい落ち着きどころでもある。

そこに報復テロの行動と動機を推測し、現代にもはびこる報復行動の連続性を支える人間の土壌を考えるのが、社会的にふさわしい解釈が生まれるポイントになるのかもしれない。

2　自暴自棄のこころが導く社会的制裁意識——幼児無差別殺人の言い訳

主君の宿敵吉良上野介の命を奪うために夜襲した四七名赤穂浪士は、結果として一人も返り討ちには合わず、全員生還している。しかし吉良の守りにあたった相手側には死者一六人が出たとされている。「仮名手本忠臣蔵」討ち入り舞台を描いた北尾政美の浮絵を見ても、さながら無差別殺人の様相が当時の世間にも認められていたことが分かる。

主君への忠誠・献身のために他人の死を望むという、仇討ち行為の正当化意識が個人的な心情・動機であっても、あるいは社会的心情・動機であっても、日本人にはしっかり認められながら、時代を乗り越えたのも不思議であると言えば不思議である。その中でも最も不思議なことは、仇討ちには無差別殺人を伴いながら、その後の世間の事件認識にも「オカマイナシ」で来たことである。赤穂の浪士たちにも吉良の首だけが目的であって、同時に発生する無差別殺人を目的ともしなければ、意識もしたのではなかっただろう。その後の四六名（足軽の寺坂吉右衛門信行は明石への使いとなり、結果的に除外された）の〝切腹〟（死刑）で、世間の心情から帳消しにされてきたのだろうか。二一世紀初頭の国際社会でアメリカ軍などが、オサマ・ビン・ラディンやサダム・フセインの命を狙い、社会的制裁を成立させるために、一般市民の巻き添え殺人を容認させたいとする国際的心情も、全面的ではないとしても存在するのに通じる「人のこころ」のあり方なのだろうか。

その現代社会で、最初から最後まで社会的制裁という声を上げ、無差別殺人を実行し、反省や謝罪の一言も言わずに終わった事件について、当時の新聞記事から伝えられてきた後を追いながら考えてみたい。二〇〇一年六月八日に、八人の児童が無差別に殺された、大阪教育大学附属池田小学校児童殺傷事件のことである。犯人は宅間守という一人の男。即日逮捕、二〇〇三年には死刑の判決、その後あまり日を置かず死刑が執行されたものである。

この犯人は、社会的制裁を標榜して無差別殺人を犯した後も、決して反省、悔恨、謝罪などを一切表さず「謝罪の気持ちはない」と突っ張ったまま死刑台に上がったとされている。死刑という極刑になったところで、殺された八人の遺族や怪我をさせられた児童の家族の気持ちからすれば、とても納得できるものではなく、こころを逆撫でするものであり続けた。

しかし、死刑が決定する二〇〇三年の『月刊現代』（講談社）一〇月号に、判決前の獄中手記として載せられた記事にはそれがある。

……八人も殺すなんて誰が予測できたでしょう。一人刺して重症だけで、押さえられたかもしれない。そのくらいの事は解っていました。……何もかもうまく行かず、運の悪い自分に腹が、ものすごく立っていたのです。中学校や高校にしなかったのは、かかってこられると思ったからです。今思えばああやっておけばよかったと、くやまれてなりません。人生最大の後悔です。今まで、わるいことばかりやってきましたが、人生最大の後悔です。……

ただ、宅間のこの反省・後悔は本心であったとするには抵抗を感じる人は多い。さらに同じその号で、弁護団に自衛隊のパンフレットを差し入れてほしい、と宅間が頼んだ記事もあるのは、一方では「早く死刑にしろ。反省することは何もない」と言いながら、彼はまだ死刑を免れる意図を持っていたと考えられるふしもあるからである。その後には反省論調は出ていない。

宅間は小学校時代後半から、自分の将来の希望はパイロットになること、つまり空を飛ぶことであったらしい。母親に池田中学（池田小学校ではない）への入学希望を打ち明けたとき、狙いは優秀な中学から普通高校、優秀大学を出てパイロットになる道を探すことだったという。その第一歩である希望の中学入学がかなわなかったのが、大きな挫折感ではあったが、別の公立中学に無難に入学し卒業する。しかし、その後は公立普通高校への入学を諦め、航空自衛隊を志望した。これはパイロットになる短絡的な方法に挑戦することだったというのである。だがそれが失敗に終わると、切り返すように兵庫県立の工業高校を受験、周りも、本人も驚き喜ぶ合格を得たのである。ところが宅間にとって人生の狂いはこの高校時代に始まった。教師への暴行事件、家出などから二年生で中退、県立の定時制に編入の配慮を得ても通学せずに自然除籍となった。

しかし、何が幸いといって翌年一八歳になると、一五歳で失敗した航空自衛隊に入隊が決まったのである。パイロットの夢はまだつながれていた。ところが、家出娘強姦の問題を起こし、翌年には自衛隊を除隊する羽目に陥ったという。それでも、それは無駄ではなかったのだ。山口県防府市で訓練、小牧、浜松基地などでの勤務の間に普通自動車、大型自動車の免許を取得したらしく、除隊後のこの息子のために宅間の父親が出資して運送業（引越し屋）を始めることになることに通じるのである。それは一カ月で頓挫したが、後に（一〇年後）伊丹市の市バス運転手の試験を受けて合格、四年はバス運転手を続けた。

もちろん、その空白の一〇年、つまり一九歳から二九歳まで、両親はどんな思いで、手こずる息子を扱いかねていたことか。婦女暴行、傷害、器物破損、高速道逆走、刑務所入り、そしてまた強姦。親の胸を引き裂くような事件には事欠かない犯罪者に変わり果てていた。

その後宅間が人生で最も長く従事した市バス運転手をクビになった三三歳には、それでも同じ市の職員の清掃局クリーンセンターに配置換えされたが、三五歳でさらに市立池尻小学校の〝ごみを管理する〟技能員に配置換えされ、それを一年でクビになる三六歳までは市の職員を七年務めたことになる。大阪教育大学附属池田小学校事件を起こす三年前である。このときの、小学生から〝ごみのおじさん〟的な眼を向けられたことと、小学生襲撃殺傷と無関係と言えるかどうか。

殺傷事件後二年、死刑間違いなしの裁判中の宅間にも、持ち続けられていたらしい「パイロットへの希望」は、まだ、この死刑判決が確定する寸前まで生きていたのではなかったか。あの弁護士への依頼を考慮すると、「パイロットへの夢」があって、そのためにする減刑へのジェスチャーだったとする感覚が生まれるのも自然ではなかったか。

『月刊現代』の反省記事が本心ならば、自分の犯したことを認め、命の尊さを認知し、悔恨の情を表し、遺族にお詫びするという、被害者の家族への当然のあり方を示していることになる。しかし、二十数回の公判中の発言や、最終弁論に至るまでの発言、それらの新聞記事などには、遺族に詫びる心の表現は特には見られていない。終始一貫、他人への社会的制裁とする無差別殺人の心であった。

第一〇回公判の「世の中のやつは全部敵や」とか、第一一回公判の「……家が安定した裕福な子供でも、わずか五分一〇分で殺される不条理さを世の中にわからせたかった」、また「世の中、勉強だけちゃうぞと、一撃を与えたかった」というような、遺族にはどんなことがあっても許し難い、非人間的発言が、それをよく表しているように受け取れる。

それではなぜそのような悪魔の心が宅間の中に出来上がっていったのだろうか。自分の人生設計的な自己実現欲動の不達成、失敗の連続がこころをゆがめ、次第に追い詰められたこころの変化を自暴自棄の行為に結びつけてしまったのだろうか。この流れで見るならば、この無差別殺人は心の病の結果だったのだろうか。

宅間は高校中退の後、一八歳のとき精神科に行った。神経症と診断されたようである。翌年、父親が出資してやらせてもらった運送業を投げ出してから、家庭内暴力（特に母親に向かって）に悩んだ家族の願いで再び精神科に行った。病院で入院を断られたらしいが、その後三〇回を越す精神科への通院、入院があっても、なぜか母親と二人暮らしを始めた二〇歳ごろには、むしろ強姦、暴行、交通違反などの犯罪を逃れるための、偽装入院に近いことが多かったという。一度は、精神分裂病の診断記録もあったらしく、精神障害者保護福祉手帳を交付され傷害年金を得たこともあったが、特に市バスの運転手など市職員時代にはほとんど通院もなかった。後に事件を起す一年ほど前からは他に犯した犯罪逃れの偽装とされるものばかりで、診断は「措置入院必要なし」であったという。

事件後、大阪地裁の結論も、弁護側が主張した精神病による心身喪失、神経耗弱状態にはない、ということであったが、妄想性の人格障害者であることを認めたものもあったらしい。この病名は確かに、宅間の犯罪経過状況（度重なる暴行・傷害など児童殺傷事件までの十数回の犯罪を含め）をよく説明できるように見える。

誠信書房刊の『心理学辞典』によると妄想性人格障害の特性とは、

……、頑固で嫉妬深く、他人に対し疑い深く不信の念を持ち、挑戦的・攻撃的で、妥協を知らない、成功心が強く、自分の能力を超えた目標を追求する。批判を受け入れないか、他人を批判し、軽蔑する。自分の優れたところを顕示しようとする。……防衛機制としては投影を利用しやすい。例えば、私は彼を憎らしい、と言う代わりに、彼は私を憎んでいるから、私が彼を攻撃するのは正当であるというように、自分の敵意や攻撃を他人にかぶせる……

としているが、これは、宅間のあらゆる所での攻撃的犯罪や、パイロットを目標とした自分とのギャップ、公判での発言などに、よく一致する。

また、妄想性反応の病因についての、同辞典の項には

……、心理的に高い野心を持ちながら失敗するため、罪悪感を持ったりする場合、例えば親があまりにも高い望みをかけ、権威主義的で厳格な場合など、その子は妄想症的傾向を発展させていく、また、異性の親を過度に同一視した子供などが、この傾向を示すようになる。この防衛機制はフロイトによって示されているように、投影が中心をなしている。

とあるが、彼の人生目標は学校の選択のときから、自分の能力以上を目指す傾向が強かったように、その後の目標でも同じ雰囲気を持っていたことが何となく、伝わってくる。また、父親の厳格さもあり、母親だけに極端に甘えて、その母親には暴力まで振るっていたことも、事件後の記録に多く見られるのは、うなずける心理学的背景なのではないかと見られる。

幼少期には、お婆ちゃんっ子だったという情報もあるが、高校生活の失敗、家出などの後、父親が投資までして作ってくれた運送会社を投げ出して、二〇歳にもなってから、家出先まで向かえに来てくれた兄と、厳格だが愛情のある父親を置いて、母親と二人だけで別の住まいを持ったという行動は、この『心理学辞典』の内容によく一致するものであろう。

宅間は精神病とまで行かなくとも妄想的な性格が高じて人格異常だった上、母親への極端な甘えん坊だったのである。つまりこの殺人行動は病気とは言えないが、人格異常に由来するという見方ができるということになる。

だからといって彼がこの事件のような、大それた行動に至ったのを一〇〇％説明できるものではない。性格と精神病の違いは今も正確には定義できないほどだから、人格異常や甘えん坊は世の中にいくらでもいるはずだからである。彼の場合、妄想的傾向を持った性格が、一つひとつの人生の歩みに、自分の望みに対して不達成、失敗の段階を積み重ねてゆく結果として、次第に人格障害となり、自暴自棄になってゆく人間性を作り上げ、最後に暴発する妄想性行動の果てが見られたというのも、捨てがたい理解点のように思える。

彼の結婚暦もまた複雑で、二六歳で結婚してから事件までの一一年間に四人の相手に次々と暴力などを振るい、結婚・離婚を繰り返しているが、四人目の妻は生まれたばかりの子供をつれて離婚したらしく、そのことを自暴自棄になった理由とする分析者もいるようだが、ここでは、それも宅間の人格全体像から見れば、妄想的人格の一現象としておきたい。

問題は、こういう犯罪者の個人の支えとなる人間環境改善には、本人と家族だけで解決可能なのかというところに、注目すべきだと考えられないか。

学生時代、家出の出先まで迎えに来てくれた、たった一人の兄も事件二年前に自殺、母親は精神病院に入院したままであることを考えると、家族に負わされる問題解決能力に限界を見てしまわないだろうか。二一世紀になって、一度は目指していた、育児から介護までの人生を社会福祉システムで解決しようとする社会的傾向を、古い封建時代の、家族で重荷の大半を負うシステムに、戻そうとする動きが強いことを考え直す必要はないであろうか。人の一生を社会で見るシステム（スウェーデンでは実施している）のようなものが進行していれば、このような事件の解決に何らかの力になったとは言えないか。

それにしても、最後の果てが自殺ではなく、小学生の無差別殺人であったことは、自分にとってまともに就くことのできた仕事の最後（小学校のごみ管理）に、小学生からも軽く見られた「ごみのおじさん」ということだけが、決定条件になったのであろうか。さらなる分析研究の余地が残されていることは間違いない。（被害にあったご遺族の心が癒されますようお祈り申し上げます）

3　他人が邪魔になる意識構造──姥捨て山の人類史

他人の死を望むこころのあり方には、以上のような社会的動物としての人間が、社会環境との関係で、社会的な恨みやねたみ、あるいは復讐心の成立が理由で犯す無差別殺人や、個人の人格異常が社会的復讐心を仮面にして犯す無差別殺人などのようなものばかりではない。正常に作動している社会環境でも明らかに対人的な集団的、あるいは個人的恨みを果たす殺人もあれば、保険金目当てなどの経済的（利益的）殺人も、愛人の登場で「邪魔ものを排除する」という殺人もある。この、恨み、利益目当て、邪魔もの消しなどを考えてみると、邪魔ものの消し方が最も複雑な心理的経過をたどると見られるのは何故だろうか。

例えば、第一回芥川賞受賞で知られた作家石川達三の『青春の蹉跌』の主人公は、人間社会で生きる欲望の追求の邪魔になる存在として、消してしまいたい対象人物に殺人という行動を結びつけた。自分の一生に経済的有利とされる結婚相手と一緒になるために、それまで付き合っていて、妊娠までしていた交際中の女子大生が邪魔になったのである。

余談となるが、『青春の蹉跌』には一九六八年四月から九月まで連載される二年前に、佐賀平野にある天山（標高一〇四六ｍ）で、妊娠した女子大生が交際中の大学生に殺された事件がモデル、と言われている。事件一カ月後、佐賀地方裁判所での初公判で、天山で殺された女子大生の胎児の父親は、殺した大学生とは別人であることが、弁護士の要求から検察側の血液型鑑定書の開示で分かった。一番驚いたのは当の大学生だったが、小説の主人公の発言にも、そのことがある。人間の心と行動の複雑さを演出するものであった。

邪魔になる存在を消したいという心情は、人間にとってどこから生まれてきたものか。自分の欲しいものがある商品棚の前に群がる人々を、邪魔なので掻き分け排除しながら進む、逞しいセール処分市などでのご婦人を見たりすると、人間は自らの欲望達成のためには、眼の前を遮るものはすべて邪魔もの視することもよく分かる。

人間は欲望達成のために生きているのである。『青春の蹉跌』の主人公は、結婚生活には愛情より経済力が優先するとして、経済力を得られる叔父から推薦の結婚を望み、交際中の登美子が邪魔になったのであった。邪魔になるものは、モノでもヒトでも排除するという理論は、人間のこころに成立しやすい。

邪魔ものを消してしまう行動は、このような例だけではない。古い歴史を持った姥捨て山伝説も第一ポイントは邪魔ものとしての老人の存在である。もちろん、老人が邪魔ものであるためには背景となる理由がある。それは、食料難つまり経済力不足が伴う場合である。『青春の蹉跌』では、予測される豊かな経済力を邪魔する存在であったが、姥捨て山では現実的に直面する食料不足（広義の経済力不足）で、社会的に邪魔になり、社会的な〝しきたり〟として老人は、山に捨てられる。直接的殺人ではないが間接的殺人、つまり死に至ることが明白な状態に置かれるのである。

死に至る棄老行為は、殺人ではないところに複雑な心理的行動が伴うことになる。不思議なことに、全国的に広がった姥捨て山伝説は、ストーリーがたった一つと言っていいほどほぼ同じものである。

老いた母を背負って、山深く入るとき背中の母は途中で触れる樹木の枝を摘み取っては、山道に残す。それは自分を背負ってきた息子が山を降りて帰るときの目印であったが、息子は老いた母が自分で帰ろうとしたものと勘違いする。実際は息子が下山するために役立つものであったということで、結果的には肉親の無償の愛に泣く。

結局その道を戻り、老いた母を連れ帰り、社会的には姥捨てを実行したと世間の眼をくらますため、床下に穴を掘って隠し、老いた母の面倒を見る。ドイツ軍の眼から隠すため、『アンネの日記』で知られたアンネ・フランク一家を裏屋根に隠したオランダの家族のようでもあった。その後隠れている老いた母の知恵を借りて、様々な技術（蟻の糸通し、灰縄作りなど）を社会的な場面で実行して見せつける。老人は食料のためには邪魔であると同時に、知恵の所有者として生活に役立つものであった。これも全国的に伝えられる姥捨て伝説の同一ストーリーと言ってよい。

醍醐天皇の延喜五年（九〇五年）に紀貫之が編纂したといわれる『古今和歌集』に「わが心　なぐさめかねつさらしなや　をばすて山に　照る月をみて」とあるように、一一〇〇年も前に姨捨山の存在は知られていた。さらに松尾芭蕉の『更級紀行・元禄元年』（芭蕉門弟乙州の版）には、次のようにある。

姥捨山は八幡と云里より一里ばかり南に横をれて、すさまじく高くもあらず、かどかどしき岩なども見えず、ただあわれ深き山のすがたなり、なぐさめかねしといひけんも、ことわりしられて、そぞろに悲しきに、何故にか老いたる人を捨てたらんと思ふに、いとど涙も落そひければ、……俤や　姥ひとり泣　つきの友……。

三二〇年前にもその伝説は生きていて、老人を邪魔にする棄老思想は当時の日本人のこころのどこかに引っかかっていたのである。そして現在も六〇～六五歳になれば、定年という社会的に邪魔にされることが、歴然としていることを多くの人が指摘する。棄老思想は今も生きているというのである。姥を捨てるのは話に残っているが、そういうときには同時に食料事情を背景に「間引き、子捨て」など、幼児を捨てることが実態として、伴っていたことも重視されることになる。

芭蕉が旅に死ぬ五一歳まで、日本列島を歩き回る最初の旅紀行は四一歳のときであった。江戸から吉野、京都などまで行き、甲斐経由で帰るまでの、紀行文『野ざらし紀行』に残る旅には子捨ての場面が記録されている。

……富士川のほとりを行くに、三つばかりなる捨て子の、哀れに泣くあり。この川の早瀬にかけて、浮き世の波をしのぐにたえず、露ばかりの命待つ間と捨て置きけむ。小萩がもとの秋の風、今宵や散るらん、明日や萎れんと、袂より喰物投げて通るに、……猿を聞く人　捨て子に秋の　風いかに……
いかにぞや、汝、父に悪《にく》まれたるか、母に疎《うと》まれたるか。父は汝を悪むにあらず、母は汝を疎むにあらじ。ただこれ天にして、汝が性《さが》のつたなきを泣け。（ルビは引用者による）

と記している。この年貞享元年（一六八四年）は、全国的凶作が続いた天和年間の直後であったが、そのころ捨て子の例は多かったようである。ちなみに六年後の元禄三年には、捨て子御禁制のお触書が出ているほどである。それにしても、四年後（元禄元年）の『更科紀行』で老人を捨てることには、あれほど感傷的な記録を残した芭蕉が、その四年前に捨て子を見殺しにして旅を続けたのは、何だったのか。自分だって、人の世話になり生きている身であるから、人に構っておれないということだったのだろうか。それに時代的にお触れ書きが出るほど、日常的な出来事で、手がつけられないものであったのだろうか。マザー・テレサもモンテッソーリも、シュヴァイツァーもこのときの芭蕉の行動は許さなかったであろう。キリスト教の倫理と仏教の倫理に違いがあったからだろうか。ならば、人間はその考えを持つという学習効果には、場合によってはどのようにも、適応できるのであろうか。

どうもその通りということになるようだ。人間の心をかたちづくるには、生存を始めてからの環境（環境から与えられる情報）によっては、どのような成立をも見ることもできる。仏教の思想を身につけていた芭蕉には、ヒンドゥーの影響もある生活倫理的な発想、林住期から遊行期に到達していた自覚があったと考えてもよいのではなかったか。仏教哲学者の山折哲夫著『ブッダは、なぜ子を捨てたか』にもその気配が感じられるところがある。シュヴァイツァーのように、周りを取り囲む生命の中で、生き続けようとする人間を見るのではなく、芭蕉は常に宇宙を見つめ、すでに旅という自然に取り囲まれるヒンドゥーの「林住期」に身を置いてしまった四一歳の人生観からは、生命に関わる人間行動を持つよりは、宇宙の摂理に相対する自らの律し方に徹する姿勢を貫く、というものに違いないようである。地球上の人間を横の関係で見るのと、宇宙に向かって縦の関係で見ることの違いなのではなかったか。解釈の仕方には様々なものがあるだろうが、ここではそのあたりの理解で収めておきたい。

ところで、棄老思想は形を変えて、定年という社会的棄老で現在にも存在しているという見方は、一般的になっているが、それでは子捨てはどうなのか。二一世紀になった現在に、話題になったのは、「赤ちゃんポスト」の存在である。

老人ポストは存在しないが、病院に捨て子する場所を設けた二一世紀の日本では、社会が子捨てを容認しているのではないのか。つまり人間にとって自分以外の命が何の邪魔か、というところでこころの作用を見るなら、かつての子捨てが、棄老と同じく食料不足（経済力不足）の解消の邪魔であるのに対し、今は若者のよりよい生活の邪魔になるということで、定年あるいは老人ホームがあるように、同じ理由が子捨てにも成立している。

つまり、現代社会を生きてゆく若者たちを、甘やかしてはいないかと問う論調も必要なのかもしれない。よりよい生活の追求は、人類の無償の愛への償いのような「こころ」を訴える風潮をも失いつつある、という現代社会風土の成立可能性に目を向ける必要もある。よりよい生活追求中心の社会的風潮は、愛にこたえる「こころ」の追求をも失ったということなのだろうか。

人が人を邪魔にするこころの成立は、人間社会の歴史の中で、様々な様相を示しながら、そのときどきの生きるこころ構えに照らし合わされて、変化してゆくようである。

第7章

犬死かと問われるこころの心理学

1 国のために死ぬこころの動揺

愛国心の表れとして高い評価を与えられることもあれば、これで戦いに勝っていたならまだ報われるが、負けてしまったからには犬死ではなかったかというような、声も出た神風特攻隊のことを、日本人で知らない人はいない。その対戦国アメリカでは、二一世紀になってから起きた同時多発テロや、イラクとの交戦でしぶとく継続するゲリラ的自爆攻撃にも、「カミカゼのようだ」というマスメディアの表現もあったが、その中にもフランス人記者のベルナール・ミロが著書『カミカゼ』で言うように、突撃死が無益であったことと、計画的死への純粋性の偉大さと

図７－１　空母エセックスに突入直前の特攻機

いう、評価の二面性が一般化している。

日本では、戦時国際法で保証されている正規軍の軍人による作戦的計画の実施であったから、テロの持つ個別の自殺行為的意味とは、別次元のものであるとし、非合法な犯罪者のテロ行為は並べて見られるべきでないと、一蹴する人も多いが、狂信的自殺行為そのものは類似しているという意見もある。

このように他人の客観的評価認識もさることながら、特攻隊員の遺族から見れば、その死が無駄であったなどとは決して考えたくないのは当然であり、仮に勝利につながる犠牲でなく負け戦での死であっても、それがその後の国家や社会に意味を持っていたとの確信をこころに描くことで、故人の想起を続け、残されたものに意味づけを持たせている。

問題は、神風行為が戦時の正規軍の軍人としての任務であり、個人的に動機づけられた自殺行為的なものとは、まったく別物であったという理由で、ある意味では自己犠牲的社会行為だったことである。人間行動の原点を追求する場面として取り上げるには、心中や自殺などのように、個人的な心の成立過程や動機づけの成立などで分析できるものではない。国家という集団の行動、つまり集団行動を成立させる環境分析と集団行動原理を分析し、解説することが重要となるのではないだろうか。

ただ、この特攻隊編成の一九四四年半ば以前、太平洋マリアナ沖海戦あたりには、自分を犠牲にして体当たりしてでも味方戦艦を守ったり、戦果を挙げるような自主的で個人的な自殺行為があったことも事実のようであり、そのような実態にヒントを得たということも、決して間違いではないと考えられることもある。人間はいかなることも学習が可能な動物だからである。さらにこの実態の背景には、日本軍の「戦陣訓」に「生きて虜囚の辱しめを受けず」という心情の普及があり、この意識醸成の影響下で、帰還できなくなったような場合、自爆あるいは敵への決死突入を選択する心理の成立が、自然発生的に起こりうると見ることも素直な分析であろう。

日露戦争時に旅順閉鎖作戦などで「決死隊」という部隊の編成があったと言われているが、この延長線上に「特攻隊」が置かれるものではない。決死隊は「決死の覚悟」で任務に当たるという意識の成立が柱となるのであり、「出撃すなわち死」を意味する特攻隊の精神的成立は、別途生まれてくるものだとするのが自然である。また、「生きて虜囚の辱しめを受けず」は、その後敗戦間近い沖縄戦でも、民間の戦傷兵士の看護ボランティア女学生の集まりであった「ひめゆり部隊」にまで、多大な影響を持っていたことはよく認識されている歴史的事実であり、神風特攻隊の隊員に匹敵する死への導入を果たしていた「戦陣訓」だったと言ってもよい。彼女たちも、明らかに国のために死んだのである。

図7－2　学徒出陣

後になって当時の国家的社会環境の精神分析をするとき、多くの分析者は、その政策を採らざるをえない環境の変化をとらえ、まず集団行動の動機づけを原点に設定する。当時の戦時環境は、太平洋を戦闘舞台とする日本海軍には、敗北の連続で手持ちの航空機、空母、戦艦は激減、戦闘能力はもうとっくに限界以下であったのである。それは一般兵士にも見えていた。一九四二年六月ミッドウェー海戦で主力空母を失った後、一九四四年のマリアナ沖海戦での空母起動部隊の壊滅時には、艦船兵器

のほか訓練された下士官、兵士をほとんど失っていたと言われるが、その翌月、大本営（軍司令部）は特攻作戦を採用し、一〇月に実施することにしたとされている。つまり神風特攻隊は通常兵器の喪失により、それを補うための敵にダメージを与える緊急避難策であったとする、その後の分析もうなずける。その一九四四年三月には「回天（人間魚雷）」など特攻兵器の開発配備もすでに計画されていたが、本土決戦といういざというときのための準備もあり、一〇月には航空機なら練習機まで使う航空特攻が実施されたことになっている。

生き残った海軍兵学校出身のベテラン士官（少尉候補生以上）の確保も考慮の対象になっていた、つまり海軍組織の保全意識も働いていたらしいのは、特攻作戦での仕官クラスの戦死者の八五％は一九四三年一〇月に始まった学徒動員による飛行予備学生と言われているからである。大学、特に国立大学出身者は二等兵からではなく入隊と同時に少尉に任命されたはずだったからである。

国のために死ぬという計画的自殺行為は、必ずしも個人の意思によるものではなかった。しかし自分の置かれた国家的環境は軍司令部の一握りの人間たちの認識よりはずっと純粋に、本心は「国のため」「君（天皇）のため」とは言わずとも、故郷に残した家族や愛する人たちへの「君（建前は天皇、本心は母ら家族の・あなた）のため」に、覚悟の「出撃すなわち死」へと旅立っていった。後に三島由紀夫は、この心の美しさを評価し、自らもその精神世界へ昇華することを望んだ。

自主的犠牲精神の成立が約七〇〇〇人もの人間を、若い命のうちに死の世界に送ったのだ。この死が「犬死」つまり無益な死であったのかどうかは、先に触れたように評価が分かれる。国際的な評価ばかりではない。国内の評価でさえも大きく違ったものになっているのは、まだ人間は死の迎え方に関してまとまったこころの理論を成立させられないからでもあろう。

特攻機で出撃していながら、機体不調などの理由で帰還した兵士もいた。これら元特攻隊員が終戦後、自暴自棄になり反社会的な行動を取ったごく一部の人や、偽って元特攻隊員を名乗り犯罪行為に及ぶ人間も現れ、そのような人たちは「特攻くずれ」という蔑《さげすみ》みの眼を向けられる悲しい出来事もあった。だが、学徒動員された戦没学生の手記が終戦四年後一九四九年に出版された『きけ、わだつみの声』で、日本人はその心情とこころの裏や表を理解できる機会を得ることになった。

お母さん、とうとう悲しい便りを出さねばならないときが来ました。……

……ほんとに私は幸せだったです。

……晴れて特攻隊員として選ばれて出陣することはうれしいことですが……

……母ちゃんが私を頼みに必死で育ててくれたことを思うと、何も喜ばせるが出来ずに死んでゆくことがつらいです。……

これは、一九四五年四月一二日沖縄で特別攻撃隊員として戦死した京大経済学部学生・林市造さんの手記だとされている。「特攻隊員として選ばれ出陣するのはうれしい」は恐らく戦時の社会的雰囲気を配慮し、親には社会的心配をかけずに死への行動を正当化する、当時としては最も安定した心の取り繕いであったのに違いない。一九四九年手記発刊時にはこの心情的正当化配慮がもっと強く書かれたものが多くあったはずである。しかし、それは軍国主義を助長することにつながらないかということで、相当数割愛されていたと伝えられているのを思えば、このあたりの表現が最も無難で安定したものと感じるのは当然であろうが、それにしても、後半の部分は国家のためという意欲や動機を表現するところはない。すべては家族、母親への感謝と詫び状である。多分これが本心だとほとんどの日本人は理解していると考えてよいだろう。こころの中では無駄死ではないかとの感覚もあったであろう。

しかし、生き残るお母さんのために死ねる自分を幸せとするような、つまり、この死は戦争を勝利に導く力になることはなくても、その後に二度とこんなことをしない平和な社会をもたらす一つのヒントを国家（社会）に与えるはずだと、少なくとも母親には受け止めてもらいたいという本心も、そのときはそこに成立していた。

それは、万感胸に迫る感覚で受け止める真情として、本人よりも残された母親や家族のこころの大勢を占めているに違いない。「犬死」の言葉の使い方は、どこから出たのかはっきりしないが、「無駄死」よりイメージとしては悪いがために、一部の「ためにする人」たちの用法とされるが、戦後の日本人の特攻死に対する感覚は、その後の平和な社会の大きな心の基盤となったことに心情的な思い入れをして「犬死（無駄死）」ではなかったという使い方に傾いていると見てよいだろう。

死んだものへの追悼の意味をこめた、こころの落ち着き先としての心情だと言えるのではないだろうか。日本人は、死者に鞭打つことを嫌う仏教的動機づけが好きだからである。

それにしても、そこに残像として残る様々なこころの働きに落とす影は、複雑で一様ではない。済んでしまった過去へのこころの働きは「追悼の意味をこめた」肯定であっても、将来に向かって思考するこころの働きには、「自戒をこめた」強い否定が、個人レベルにも国家的集団レベルにも覆いかぶさっていることは間違いない。人は、人の死のあり方を、同時点での相互の人間関係の中だけで認識するものではなく、過去、現在、未来へと時系列的な認識の中で思考するものだからである。

2　会社のために死ぬこころの意味

若い青年などの個人が、国家的大集団の犠牲（生け贄え）として、生命を絶つことになることの特殊な場面を考えたが、そこには人間の「生と死」とはいったい何なのかを改めて問うてみたいと思わない人はいないであろう。つまり生きているということがどういうことで、死ぬということがどういうことを意味しているのかを、である。いずれにしても人の生死は、すべての動物が持つ同じつながりを、自然に与えられた家族という人間関係、あるいは家族と家族の関係などだけで決められるのではなく、家族などの存在の包括的な安全を確保するという、人間社会だけが持つと考えられている国家的あるいは社会的人間関係の中で、決められる集団の行動理論が働くことは否定しがたいものである。

国家レベルや宗教集団レベルで盛んに対立し、いがみ合う存在の仕方は、地球上の人類の永遠の課題のように人の心を支配していて、大集団の自己主張の衝突による〝戦争〟の消滅をもたらす能力を発揮するには至っていない。国家レベルの紛争は、さらに宗教レベルのすれ違い意識を複雑に絡め、まだまだあちこちで消えては起きる様相で、その平和や安全の落ち着きどころのない時代を経過中である。

しかし、そういった紛争の場から遠のいている地域での社会生活はどうなっているのであろうか。産業化社会のなれの果てに到達した地球上の人間生活を、とりあえずは謳歌している側面もあるが、人間のコントロール下にあるはずの、大規模化した機械装置や、労働時間や労働環境のミスコントロールが原因で、必ずしも安心安全を確保しているとは言えない場面もまた浮き彫りとなるのである。

日本社会特有の極端な場面としては、〝過労死〟の実態である。〝過労死〟という用語の普及は、世界的に疑問視される労働時間規制の長さが、もたらしていると考えられる労働者の過重労働被害に対応して、一九八八年「過労死一一〇番」という相談窓口を弁護士らが開いて、話題になってからのこととされている。

〝過労死〟とは、仕事に就いている働き盛りの人たちが、休日など自由時間のない長時間の労働など、過酷な労働条件下において、慢性的疲労の蓄積やストレスなどで突然死することを言うが、死因の約七〇％は急性心筋梗塞、急性心不全など心臓の病気であるとされている。残りの三〇％はクモ膜下出血、脳出血などの脳疾患であると考えられ、脳と心臓の病気に集中しているのが特徴である。

平和な社会環境での社会的拘束意識は、労働環境という、戦争とは別の社会的環境の影響下で多くの人々は生きることになる。日本人は特に〝勤勉〟ということが国際的な評価を受ける労働マインドを特徴とされることで、第二次大戦後の国際社会で経済成長を遂げて半世紀以上を経過したが、〝過労死〟はその半世紀ほどの復興、急成長、成熟の経済状況下の〝勤勉〟社会で噴出してきた一つの社会現象だったと言える。もちろんかつて『ああ野麦峠』や『女工哀史』などで有名な過酷労働はあったが、第二次大戦後の新憲法による基本的人権の延長線上での「健康で文化的に生きる権利」が保障されているという社会環境での問題意識としてでさえ〝過労死〟は取り上げられることになったからである。その〝過労死〟にも現代日本の「奴隷労働」と名づける人もいるが、『女工哀史』に語られる労働などは、それこそ奴隷労働とされる要素が強いものだったから、ここで論じる〝過労死〟はこれらとは少し別の角度から見ることにしたい。

日本のこの〝過労死〟は海外には言葉が存在せず〝karousi〟で通用するように、二〇世紀後半の日本の経済成長を支え、企業戦士と呼ばれた〝勤勉〟まみれの企業労働者は、国際社会にはめったに存在しない、日本特有の社会環境の存在を意味していると指摘する外国人記者も多い。〝過労死〟の言葉が日本で定着するころには、海外では「日本人はブレーキの利かないレーシングカーで異常なスピードを出して走るように働いている」と批判されていたのである。

日本特有の〝過労死〟のバックボーンとなる〝勤勉〟は、必ずしも海外では良い意味に捉えられることがなかったのは、文化的背景が違っていたことが考えられている。〝勤勉〟を支える日本人の価値観には、国際的にはなかなか登場することのない〝滅私奉公〟とそこに潜む〝忠誠心〟の考え方が存在するからである。江戸時代までは一部の武家社会でだけ培われた〝滅私奉公〟の思想は、特に明治維新以降の日本で一般の社会にも普及するようになった。明治政府が狙っていた政策による社会戦略の成果と言ってもいいものであった。その証拠にごく初期の明治に渡来した外国人の目には、日本人のほとんど、つまり農民を指すのだが、勤勉というより怠惰のイメージが強かったという。

〝神風特攻隊〟の土壌を作ったのも、同じくこの明治以降の殖産興業期に育った〝滅私奉公〟の精神が生きていたことも疑いないとされることが多い。

図７－３　過重労働の伏線に挙げられる過酷な通勤地獄！

アフリカの奴隷が船に立って乗せられたのと同じかまたは，それ以上の過酷な状況と評される。

国家に対する〝滅私奉公〟のこの精神は、第二次大戦後の復興期を機に、企業一家の精神を支える価値観の核として、政府も経営者も企業労働者自身も疑うことなく、そろって育て上げ、成立させる歩調を取っていったのである。奇跡と言われる日本企業急成長の秘密に挙げられる、終身雇用慣行、年功序列慣行、企業内組合という三大要素は、政府の政策にもそれに合わせるような企業の施策にも、またそれに合わせるような個人の労働価値観の育成にも、すべてこの〝滅私奉公〟が基礎になって成立してきたものであった。

国家から会社への従順、忠誠心に人心のよりどころが移され、日本的経営の成立基盤が出来上がっていったという経過がある。同じ企業に継続して二〇年以上はいなければ、退職金あるいは年金の確保に目減りが生じる法体制を取った政府の姿勢も、長期間在職するほどポストも給料も有利に働き、同じ企業内での労働組合の存在を基本とする企業のあり方なども、一つの企業に尽くす〝滅私奉公〟型の人間作りを、官民そろって確実に誘導してきたことには異論を挾む余地はない。そこに〝滅私奉公〟〝忠誠心〟〝勤勉〟〝過労死〟の一連の事態が連鎖的に浮かび上がるような労働環境が、国際社会にはめったにない特殊なものとして生まれ育ち、定着したのである。

二〇世紀も終わりに近づいたころ、一時的ではあるがバブル経済期の経験で、一つの企業に継続して就業することから逃れやすい転職社会への移行現象も見られ、〝過労死〟に向かうよりは、その労働環境から逃れる転職機運が高まったこともあった。ちょうど能力主義、成果主義という個人の転職にも都合の良いはずの、理論武装もしながらではあったが、詰まるところ、その就業体制は企業側の退職勧告を有利に展開する材料としての転職誘導ムードを助長させただけであったという論調も強い。バブル経済状況が導いた直後の長期不況の中で、正社員から臨時社員（派遣社員）の比率拡大というワーキングプアーの増大と、収入格差問題をもたらしただけで、本来の意味で成果主義の普及がもたらすはずの転職社会は遠のき、さらなるプアーな〝過労死〟の道へと労働環境は展開し、二一世紀が進んだところで、政府までその修正にあわてるという羽目に陥ったのである。基本的な〝滅私奉公〟〝忠誠心〟〝勤勉〟〝過労死〟を解除する政策からはますます遠くなる方向であることも言い過ぎではない。

なお、過労死の裏にはもちろん個人的な、肉体的、精神的能力の差があり、「そこまで働かなくても……」という声、また「みんながみんな〝過労死〟するわけではないのに……」などの声もある。基本は個人の働く時間の問題である。〝過労死〟救済の最も基本的なポイントとして、先の弁護士グループやジャーナリズム（一九九〇年には新聞全紙が「企業戦士の過労死」をいっせいに朝刊に載せた）によって指摘されたことは重要である。国際的な労働時間の法的基準値が、先進国では日本が最も長いという認識も常に存在した。

しかしGDP至上主義の経済成長を目指してきた日本株式会社発想の政府は、企業経営優先の姿勢を崩したことはない。経済が盛んでなければ生活大国などとも言っていられないと懐柔的論法が出現する。そういうところに納得点を見つけて、国家も企業経営者も国民を説得するような結末が落としどころとなり、バブル期に一時的に労働時間の短縮が謳われた以外、二一世紀の不況脱出期にも労働時間に目を向けた国家政策は見られたことはなかった。いつまで経っても経済効率という名目で労働環境無視に近い発想で臨んできたことになる。

日本ではバブル期に一度は目指した、労働の年間一八〇〇時間があったにもかかわらず、直後のバブル崩壊期以降、長期不況期に入るや失業率の増大も伴って、よく働く〝勤勉〟な労働者を優先するムードを作るなどして、二〇〇〇時間を優に超える水準で推移してきたことも事実である。欧米の一五〇〇時間から一八〇〇時間の水準を考えると、過労死社会の基本条件である労働時間の水準が、驚くほど高いのである。全国民「死に物狂い」の復興期ならいざ知らず、こういう認識はどのようなところで消すことのできる可能性があるのだろうか。

社会制度が日本の対極にあるスウェーデンでも、年間実質労働時間が一五〇〇時間を切っていることを考えれば、社会福祉と高齢者の介護や看護の参考にする先進国という見方では終われないことに気がつかないだろうか。福祉は働き盛りの人間も含めた労働時間やその他の労働環境など、すべての人々の生活そのものへの関与を総合的に見るところから始まるはずだからである。

ところで日本人の労働時間の長さはさらに過酷な意識環境の中に置かれることになる。つまり日本人特有のサービス残業の存在である。サービス残業が、その度合いを超し、過剰なストレス、疲労を伴ったときに〝過労死〟がもたらされるのは、新聞紙上などの記事で誰もが確認したに違いない。「自宅に仕事を持って帰り、夜中の二時三時までそれに向かい、土曜日曜も仕事に出ていたが、ある日オレは疲れたゆっくり寝たいよ。といって翌朝急性心筋梗塞で亡くなった」という記事などは、サービス残業の典型と考えられている。多分現代日本人が、二一世紀を超えても持つ特有のサービス精神は〝滅私奉公〟〝忠誠心〟〝勤勉〟を背景にするものであろう。つまり、国家への忠誠心が個人的なものであったにしろ、社会的な強制力を持っているものにしろ、それが神風特攻の精神的支えにさえなっていたことを考えれば、会社（企業）に移された〝滅私奉公〟の精神は、企業あるいは仕事のために命を投げうってサービス残業を続けることに通じている、と考えるのも不自然ではなくなるのである。国への決死的行動を支えていた〝忠誠心〟は、無意識ではあるが突然死ということへの過酷な行動がもたらされる、会社への〝忠誠心〟と共通する何かがあると見ることができるのではないか。

その〝忠誠心〟とはどのようにしてもたらされたものだったのか。武士の社会における統制原理として打ち立てられた管理理論の展開が基本であることは先に述べたが、明治政府の行動指針として一般化したそれは、現在も日本社会に根を張っていると認識することも重要であろう。忠誠心とは基本に「上司には逆らわない」という意味も同時に抱えていてはいるが、〝滅私奉公〟の精神の「自分を殺して、公に尽くす」を加える必要があるのである。このことも神風特攻の精神にも通じるところである。

あるとき、大手電気メーカーが残業拒否の労働者を解雇したが、不服として告訴したところが、二〇世紀の終わりになっても最高裁判所も企業の解雇の正当性を認めた。つまり、社会ぐるみで〝滅私奉公〟〝忠誠心〟〝勤勉〟〝サービス残業〟〝過労死〟の流れを支えていることになる。これらの死は、日本社会が歴史的に自分たちで作り上げた精神的、物理的社会環境に縛られて生まれ、新しく登場するこれからの社会現象にまで浮かび上がってくる様相を見せている。

過重労働が誘引となって高血圧や動脈硬化が悪化、脳出血、くも膜下出血、脳梗塞など脳血管疾患や、心筋梗塞、急性心臓死などを発症し、労働不能に陥ったり死亡に至ることや、過酷な労働から来る労働リズムの崩壊などで生体内の疲労蓄積が進み、既存の高血圧や動脈硬化が悪化、致命的な状態に至ることを過労死とする、企業戦士の物理的死や精神的死は、二〇世紀末から二一世紀初めにつながる二〇年間にも、少なくとも毎年一万人の日本のサラリーマンを襲っているとされている。

人は物理的にも精神的にも環境に支配される動物である。特に精神的には自分たちが作り上げた精神的環境に縛られ、大きく影響されることを忘れるわけにはいかない。ただ、人類がその解決策を探る方向に少しずつではあるが進むことに、望みを持っていることが救いとなり生き続けられると言ってよい。

3 家族のために死ぬこころの成立

犬死が問われる国家のための死、会社のための死は、背景に家族の生活を確保するための心の働きが明らかに成立していることは、もちろん忘れてはならない重要ポイントである。それでは特攻も過労死も家族のためであったとして、家族のために死ぬということが、国家や会社という集団のためという目的に副次的に存在するものなのであろうか。

そもそも覚悟の上での死の直接的な行為は、自殺、心中のような自分のためという目的的行為である。しかし、国のためや社会のためを目的とする死への行動原理は、自分のためという動機づけからは遠く離れたところにある。つまり、特攻や過労死はある意味では「自殺行為」という印象の範囲内にありながら、本当のところは「自殺」という、個人の心に集約される行動原理の範疇には入らないものであって、まったく別の、人間という動物だからこそ陥る社会的環境に関わる行動原理に基づくものなのである。

だから、家族というミニアチュア社会集団のためという意識は、明らかにそれを取り巻く広げられた社会への意識へと拡大されることになる。人間は死に向かって思考し行動する場合には、個人の心では先に述べてきたように、突然宇宙と自分との対決姿勢で臨むことが心に湧き出て来る世界があるというのに、国や社会という集団認識の心の中では、最終的には家族というような遺伝子でつなげられた肉親集団に集約されるのである。

家族のために死ぬという意識は、それを目標として存在するよりは、家族を取り巻く拡大集集団のためという認識偽装の中で成立していくとする方がよいかもしれない。

逆説的に見るならば、人は、国家や社会、あるいはその核となる家族という枠を取り去ったとき、初めて個人となって宇宙と対決し、生死の根源的追求を成し遂げられるということになる。つまり人間は個人に徹したとき家族のために死を賭けることから逃れられる。そのとき、国のために死ぬ、社会のために死ぬという、ひょっとすると「犬死なのかも」という無駄死の可能性から逃れられることができる。前節の三島由紀夫や、空海、利休など、個人として死に立ち向かう生き方を見るとき、宇宙と個（自分）を同化させることができるということが浮き彫りとなっていた。そう言えば、宇宙と対決するような生き方を痕跡として残した先人には、家族を捨てたり、家族を持たなかった場合が多いのも、それを物語っているのかもしれない。人は真実、個となるとき、宇宙存在の根源に関わる元素の世界に同化でき、一体となることができる、というようなテーマも、死のこころの追求の課題に挙げる機会を別に持つべきだと言えよう。

第8章

死に逝く人のこころ（1）
――ターミナルケア――

1　死の宣告とこころのはたらき

人間にとって自分（一人称）の〝死〟ほど怖いものはない。他人を殺めたりするような社会的な極悪人に対しては〝死刑〟を最極刑とする人類の発想が存在していることでも、それが分かる。他の動物と同じように人類も、生物として生誕のプロセス展開を通して、生きよう生きようとするシステムが肉体的に働く存在であることには変わりないことが、その源点にあるからである。しかしそれだけではない。人類は他の動物と違って〝死の自覚〟というものを、児童期あたりから持つように発達する、唯一の生物（ピアジェ（Piaget, J.. 1896-1980））となることで恐怖という感情を持つようになるからでもある。
〝死の自覚〟は一方では〝生の自覚〟をもたらす〝思考能力〟の発揮対象として二重の意味をも兼ね備えることも大切なポイントである。「刑罰としての死」は、先にも述べた通り恐怖の対象であるが、生存の苦しみから逃れることのできる「救済としての死」をも思考すれば、安楽の彼岸となる対象にすることもあるのだ。

『死ぬ瞬間』（一九六六年）を著したキューブラー・ロス（Kübler Ross, Elisabeth, 1912- ）は、二〇〇人以上もの癌の末期患者を調査した結果、エイズ患者や癌（悪性新生物）の告知を受けたような場合、「自分の死を否認できなくなった人は、衝撃の感情や怒りを経過し、死に挑戦し、それを克服しようと段階的に受容するようになる」と言って、「そのような人を、機械に縛りつけたり、植物状態にしておくのではなく、彼が人間らしく生きる手助けをすることによって、人間らしく死ぬ手助けができる」とした。

この予後の生き方に「人間の尊厳」を持ち込み、その後の医療の世界、特に日本のホスピス運営など、「緩和医療」や「死の介護」という〝ケア〟を〝治療：キュア〟とは別に重視する気運をもたらしてから、まだそれほど時間は経っていない。ちょうどマザー・テレサが「死を待つ人々の家」をインドに作ったころにキューブラー・ロスが「死ぬ瞬間」を著していることを思い起こしていただこうと思う。人間の死に尊厳をもたらす挑戦をした一人のクリスチャンの実行の姿と同じように、社会システムとして死の尊厳を働かせるきっかけの提示を見ることになったのである。

人間にとって免れることのない死を、そこには「罰としての死」のようではなく、恐怖のうちに終えるのではなく、苦しみからの解放を「救済としての死」に近い感覚のように目指し、苦痛の緩和や、死の瞬間までの充実した生き方を望む人間の援助が目的であるとした。ホスピス運営の基本理念である。

あくまでもこれらは、援助する立場の発想であり、詳しくは後に述べるが、まず人間が死をどのように恐怖感を

図8－1　死の過程の諸段階

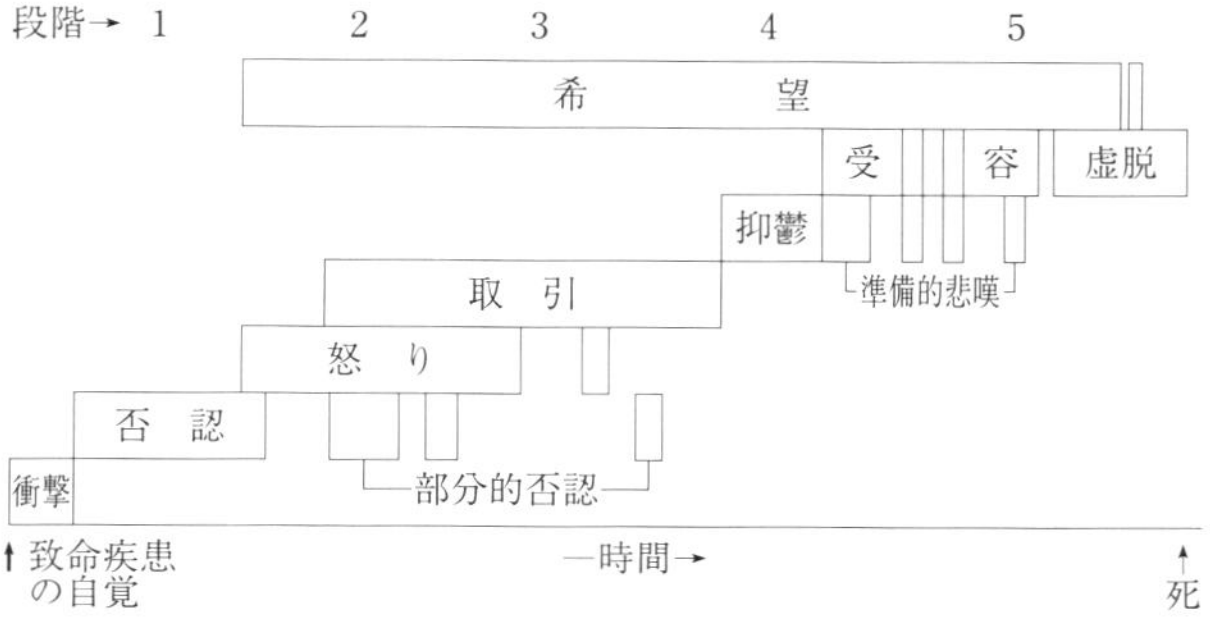

（出所）エリザベス・キューブラー・ロス『死の瞬間』中公新書，より。

持って迎えるのか、克服はどのように、あるいはどのような精神的過程で達成されるのかを追ってみることが大切であろう。人生の「終着駅としての死」ではなく、生から継続する「経過としての死」のような、緩やかな結果的あり方を目的に、主にケアする側から考えたあり方で追求した、キュアやケアの世界とは少し違った、心理学的な見方とは何かを問うことにしてみよう。

スイス・チューリッヒ大学を出てニューヨークやシカゴの病院で活躍したキューブラー・ロスは自分が最も影響を受けたのは、同大学にいた精神医科医のユング（Jung, C. G. 1875-1961）であったと言うが、ロスの同大学在学中には、フロイトの弟子ユングはまだいたのである。

彼女が、『死ぬ瞬間』で示した死の受容への五段階説（**図8－1**）は、マスロー（Maslow, S. H. 1908-1970）が一九五四年に提唱した欲求の五段階説にもヒントを得ていたといわれているが、ロスも大いに「人間の心を追求する」心理学的アプローチを、人の「死の準備」「死の過程」の理解のために、活用していたことは想定できる。

ロスは、人が死の自覚を確信的に持つようになると、まず否認そして怒りの動機を抑えられなくなるが、次第に死の受容に至るこころのプロセスを踏むと結論づけた。①否認、②怒り、③取引（交渉）、④抑鬱・虚脱、⑤希望を伴う受容というものだが、このステップを見事に表した患者の手記を改めて紹介する。先にも紹介したが、余命二年の宣告を受け、二年半ばかりの予後を生き、二〇〇五年に『ヴァニシングポイント』を著した奥山貴宏氏を再び登場させることにしたい。引用は著書の冒頭部分である。


死ぬのが最初から怖くなかったといえば、嘘になる。

無印良品のセミダブルベッドに異臭を発する液体のシミをつけながら、塩を振りかけられたナメクジのように右に左にのたうち回る。少しでも楽な姿勢になろうと、ベッドの上で動き回るのだが無駄な努力だ。肺ガンから転移し腹部にできた腫瘍のせいで、どんな姿勢をとっても定期的に激痛が走り、それは背中まで容赦なく到達する。通常の痛み止めは効かなくなり、モルヒネを処方されているのだが、それも一日に許された量を飲み尽くしてしまった。……

下着を交換したり、トイレに行ったりすることすら困難な作業だった。何しろ、ベッドで安静にしていても、ジッとしていることはおろか、眠ることすらできないのだ。このときオレは人生で初めて「死んだほうがマシ」と思えるほどの激烈な痛み経験した。……

……そういった痛みの合間、クスリが効いている間を縫うようにして、この文章を書いている。……その枕元には様々なデジタルツールが装備されていた。…もちろんケータイと家電（イエデン）の子機も枕元においてある。現在は一人暮らしで、しかも家に籠もっているから家族や世間からも孤立しているように思うかもしれないが、これらのネットワークがオレを強力にサポートしてくれていた。ベッドに寝たままでも、ブログなどで好きな書き物もするし、本や食料などを注文することも簡単だ。……このPCがなかったらどんな入院生活・闘病生活になっていたかを考えるとゾッとする。……三三歳と一ケ月、医者の言う通りなら余命一ケ月。

処刑の日時を指定された死刑宣告を受けたのと同じ状況に置かれ、さらにその予後が苦痛にまみれている癌末期患者として、懸命に生きている美しい姿がある。「刑罰としての死」の意識から「救済としての死」を希望するようになるこころの動きも見られるではないか。

ロスが多くの事例から分析した人のこころの動き、変化が彼の中にもよく表されている。ショックつまり「死の恐怖」を経験することから、苦痛の克服に必要な緩和ケアの手法や、さらには社会とのつながりを確保するツールの使い方や、その必要性に至るまで。この著者のようなパターンがすべての末期患者に当てはまるのではないことは十分配慮すべきだが、「死の受容」をそれまでと違った新しい「生の受容」に、替えてゆく人のこころの流れを摑むヒントは与えてくれたのではないだろうか。

彼はまた、ロスが五段階で分析したうちの、初めの三段階〝衝撃〟や〝怒り〟〝取引〟のこころの動きなどをも表現している。先の冒頭分の後一〇ページ目である。

自分がなってしまったこの病気のことを考えると、やはりどうしても「何故、なってしまったのか?」というのは避けて通れない問題だ。病気になりたての初期の段階で医者に原因を聞いたのだけれども、その答えは「わからない」というものだった。分からない!? 信じられるだろうか。理由が分からないということは、運が悪いからなったというのと同義語ではないだろうか。齢三三ぐらいにしてのたれ死ぬ理由が「運が悪い」である。神様に「やあ、君が地上での役割を十分に全うしたと判断したから、少しだけ早めに迎えに行くよ」とでも言われたほうがマシである。とにかく病気になった理由が「分からない」というのは最悪だ。何しろ反省のしようがないではないか。医者の話だと、遺伝も関係ないし、肺ガンになるほど喫煙期間は経っておらず、特に原因は認められないとのことである。何てこった。

そして数カ月後、腹部への転移がさらに脳に転移したことがMＲＩ検査で発覚したとき、もう一度、大ショックを経験するのである。

最初にガンと告知されて以来の衝撃であった。……「余命二年」といわれたあと、他の患者とかから「医者は文句をつけられると困るから、余命を短めに言う」ということを聞いた。確かに、余命を長めに言ってしまったら、それより短命だった場合に、遺族からクレームの来る可能性がある。でも逆に短めに言っておけば、患者はそれより長生きするだろうし、そうすれば遺族たちにも感謝されるってものだ。話としては筋が通っている。だから、オレも多寡をくくって「二年ってことはないだろう」と思っていた。しかし、今回の転移はその「二年」という数字を確実に裏付けている。……その先にあってハッキリ見えなかった「消滅点」が見えてきた。

患者は、ロスの言うような段階を時間の長さは違えても、小刻みに何度も繰り返す波のように経験することになる。このあとの彼の心の動きや生き様は、先の第4章に述べた通りだが、人生のターミナルを認識できた人々への社会的ケアには、単に肉体的、精神的「痛みの緩和」や「死の受容」から「生の心構え」に至る援助があればいいということ、だけではないほどの深さもあるようだ。

なお彼は癌告知を最初に得てから、自分の心構えや生き様の多様性に挑戦したのだが、現実の癌患者の中には、まだまだ病名も予後も告知されずに、治療可能のカモフラージュの中で、キュアではなくケアを受ける人々も数多い。一九九三年に発表された厚生省の「人口動態社会経済面調査」によると、癌で死んだ患者のうち、本人が「告知を受けた」のは一八・二％だったが、告知を受けなくても「察していたと思う」が五二％もあった（『毎日新聞』一九九三年五月八日）。患者の方が察しているわけで、告知する側の方に心理的プレッシャーの強いことが日本人の特徴ではなかったかということになる。日本では二〇世紀の終わりまでは、重要な人間社会の問題の一つが大きなしこりとして残されていたと言い換えることもできよう。

しかし変化も大きい。患者から言えば「知る権利」が強化される傾向にあるとは言うものの、「知らないでいる権利」に対応するケアする側の心情も拭い去れない。そこには「ケースバイケース」の考え方が、納得し易い社会対応として受け入れられる時期も続いた。そして、ケアする側にも、家族にも、患者本人にも「告知のメリット」を理解し、良しとする流れに傾斜する時代へと変化は続いている。

2 死の受容――本人と家族のターミナル意識の変化

告知を受けなくても、その半数以上が「察していた」からには、告知を受けた人たちと合わせれば、わずか二〇%足らずの告知率でも七〇%以上の人たちは、告知されたと同じ心理的状態にあったことにも目を向けることになる。二一世紀となり、時代も進み、告知率と察し率も上昇して「死の宣告」を自覚する率はますます高くなり、癌を持つ人はほとんどが「死の予告」を感じ取ることになるという時代は来た。

そこでターミナルケアに大切な「告知」の問題は、次第に社会的要請の風潮に押されてゆくとして、ここではその次の、死に逝く人たちが「死の予告」を感じ取ったときからの「死の受容」へのプロセスについて、もう一歩突き進んで考えてみる必要がある。

「死の受容」というよりは「死に至るまでの生の受容」という方が、この場合、よりふさわしい表現であることが一般化してきたが、それも、先に述べたキューブラー・ロスの「死の受容のプロセス」の存在に帰するところが大きい。つまり、死の予告を感じたときその人は、①まず死を否認してかかる、②次にはそのことに対して「どうして私なのか」と怒る、③死という避けられない結果を、少しでも先に引き伸ばすことができるよう神と交渉（取引）するような心情に入る、④そして、何時までも楽観的な態度ではいられなくなる現実が、抑鬱と虚脱感をもたらす。⑤最後には、感情がほとんど欠落した状態で死を受容するかのように、痛みや苦闘から逃れ休息の世界に身を置くようになる。これがロスの死の受容五段階理論である。

それまで死に逝く人への対応姿勢がストレス・コーピングやサポートシステムという対面的ケアのキー概念に基づく介入法が主であったのに比べ、この段階理論は、クライアントのこころの軌跡に焦点を当てた段階的ケア介入を目指したものとなり、急激に脚光を浴びた。

すべての人がこの段階を直線的にたどって死を迎えるのでないことは、先にも述べたが、この段階が人間の心の変化を支配する一つの流れであることを、ロスは発見したのである。先に述べた『ヴァニシングポイント』の主人公もそのプロセスをほぼロスの流れに沿って経験したと書いている。ここでもう一つ大切なことは、本人だけではなく、家族にも独立して同じようなこころの変遷があり、そして特に家族には、本人の死後にもう一度同じような、こころのプロセスが生じることの分析があることにも、眼を向けなければならないことである。

日本で初めてホスピス病棟を始めた淀川（大阪）キリスト教病院の元ホスピス長、柏木哲夫博士（現金城女子学院院長）は、『死を看取る医学』（日本放送出版協会、一九九七年）で、死別後の家族の心的プロセスを示している。それによると、家族の一人の死に対して残された家族は、①否認、②怒り、③自責の念、④鬱状態、④受容、⑤新しい希望、のプロセスを歩むとしている。これを見ると、本人の「死の受容」にも、本人死後のその家族にも、人間のこころの変化にはある種の定性的な流れが、ほぼ同じプロセスで存在することを意味している。

さらに、心理学的な分析結果には、死に結びつくものではないけれども、生きてゆくという欲求の理想的な働きが作動するためには、最初は大きな不満をもたらすことになる「障害の受容」にも、また同じようなプロセスが家族や本人のこころに働く理論が存在する。これは、むしろロスの『死ぬ瞬間』とは独立して障害者や障害者の家族のケア、あるいは「希望を持った新しい生き方の受容」へのケア、をする側の人たちから出た理論的根拠であったのではないかと考えられている。それは「死の受容」と同じように最初の段階理論は①衝撃・怒り、②回復への期待、③悲嘆、④防衛、⑤適応、というもので、コーン（Cohn, N. "Understanding the Process of Adjustment to Disability," 1961）が発表している。

最近はフィンク（Fink, S. L. "Crisis and Motivation," 1967）の危機モデルという、障害を一つの危機と捉え、それに対処する過程に力点が置かれた理論が日本では一般的となっているものである。①衝撃・怒り、②防御的退行、③承認、④適応、というのがそれで、これは先述のマスローの動機づけ理論に基づくところが大きいと言われている。

これらはすべて、プロセスの流れはほとんど同じものもあり、最初は情緒的反応に始まり、次第に思考的要素の強いこころの働きに変化してゆく人類独特の様相を示すものと言ってよい。

いずれも人の苦悩の克服理論として二〇世紀半ばに登場し、それまでの欲求不満体制の克服だけで理解しようとした理論から脱出し、こころのプロセス管理を理論背景とするケア論理であったと言えるのではないか。そしてそれぞれの類似点がまた非常に分かりやすく比較調合される可能性のあるところが、いずれ、人のこころの困難克服の一般的理論、あるいは基本理論が成立する方向を示唆する事態であると考えることも不思議ではない。どの段階論にも、初めは自己防衛的

図8－2　死別後の悲嘆のプロセス

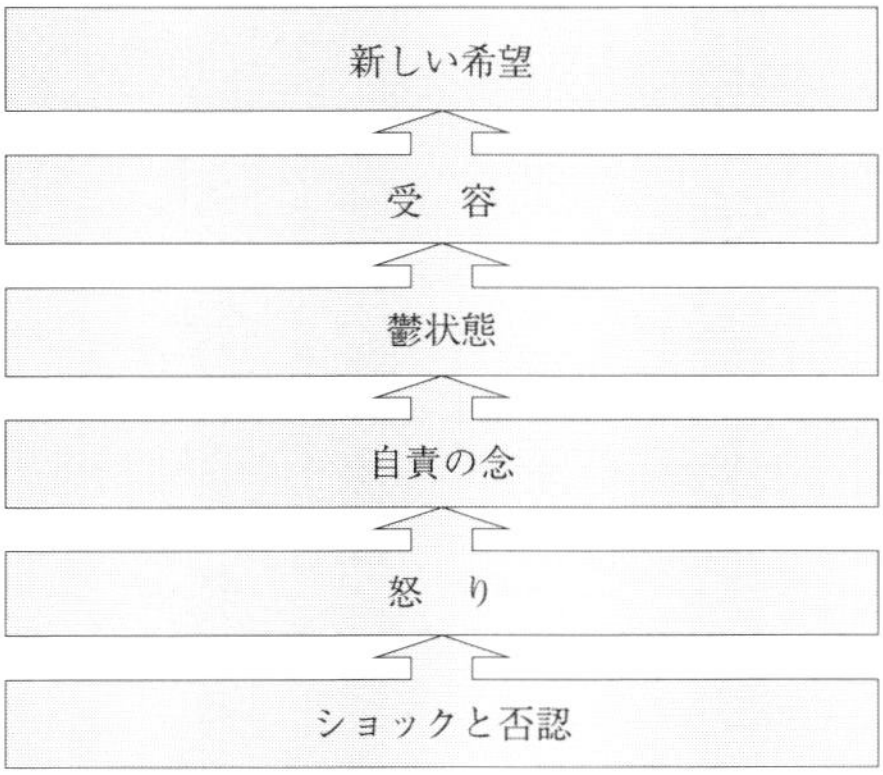

で情緒的なこころの働きが優先し、次第に問題思考的なこころの働きが優先することなどが見えているからである。

もちろん、ターミナルケアを必要とする本人の「死の受容の段階論」が成立するのであれば、その時点での家族の「死の受容の段階論」も当然成立する。また本人の死後に必要な、残された家族の「死の容認の段階論（悲嘆の段階論）」も成立するのは当然である。そして、それに比較意味を持つ、障害を持つ子の親の「障害の受容段階論」、続いて本人の「障害の受容段階論」と、それぞれの受容のプロセス対応理論が、介入法をマネジする側の理論として登場することになる。

このうち、すべてが同じと見る方法論に異議を感じる人もいるかもしれないが、敢えてここでは、ターミナルケアを必要とする人の困難や死の受容へのこころの段階は、障害者の親の受容のこころの段階も比較的類似すると考えておきたい。つまり、受容態度の最終的段階には、どの立場の人間であろうと「積極的な生活態度」に転じるこころの昇華が、最も大切というところは共通であることも間違いないからである。特に癌の末期患者と障害者の親に共通する立場には、さらに自らの自己防衛的で情緒的な心構えから、問題思考的な心構えへの展開が特に難しいところに、ポイントがあると考えられるからでもある。

3　ターミナルケアの社会心理学——死に立ち向かう本人と家族、医師

ターミナルケアとは、現在では、終末医療とかホスピスケアとも言われ、癌やエイズに罹患した、治療の当てのない余命の残り少ない患者が、最後の安息に満ちた時間を過ごせるように、人間としての支援、介護をするというケアのことを言う。治療の施しようがなくなった末期的患者に、ケア（Care）をするのであって、治療つまりキュア（Cure）をするのではないのである。本来キュアではないケアとは看護のことであって、治療のことではな

いが、ターミナルケアを終末医療というのは、単なるケア（看護）だけではなくパリアティヴケア（Palliative Care）、つまり緩和医療を施すことを伴うからである。

言い換えると、終末期を迎えた人の看護だけではなく、医師、看護師、ソーシャルワーカー、療法士などのチームで行う緩和ケアをターミナルケア、あるいはホスピスケアと言っている。

このときのケア（看護）の意味は深いものであり、人間の尊厳を重視し、ＱＯＬ（Quality of Life：人生の質）を高めながら、安らかな満足感を持って過ごしてもらうよう患者の福祉支援をすることが、目標となっていなければならない。

ＮＨＫラジオ深夜便（二〇〇七年）の番組で、勤めていた総合病院を辞めて、ホスピスのある診療所を千葉千倉町に開設した伊藤真美医師が、このことをとてもうまく言っていた。

医療とは、病気からの解放を目的とし、福祉とは、自分で生きる力や方法を支援することを目的とするものである。医療を必要としている人に、周りの人は医療だけでなく福祉の心で臨むことが大切だが、同時に、福祉を必要としている人に医療的な心で臨む周囲の人々の支援も二倍の効果を持つ。

医療と福祉が一体となったところホスピスでは、チームでこの医療の力と福祉の力が発揮できることを目的としている。

インドではマザー・テレサが独力で、「死を待つ人々の家」を建てたあと、ハンセン病の患者のためのコミューン「平和の村」を作ったその年（一九六七年）に、イギリスでは看護師でソーシャルワーカーでもあったが、さらに医師でもあったシシリー・ソンダース（Saunders, Cicily, 1918-2005）が、ロンドン市西郊のシデンハムに、本格的なホスピスであるセント・クリストファー・ホスピスを創立した。この二人がそれぞれに人の死に場所を作るという単純なものではなく、人間の尊厳を標榜し、人生の質を高める行為として取った社会的行動の精神は、マザー・テレサにも、シシリー・ソンダースにも共通しているのではないだろうか。セント・クリストファー・ホスピスではターミナル・ケアのほかにも、病気ではないが、一人で生活できない老人や孤児などを四〇名近く預かっていたことを『私の旅路』（杉田信夫）に紹介されているが、それは、そのことを分かりやすく物語っているようだ。相互には何の関係を持たず、インドでもイギリスでも同じころに、やり方は違っても死の尊厳に挑戦する人間の社会的行動が出現したのは不思議と言えば不思議である。そのことは第3章に述べたが、ソンダースのホスピスの創設には、基本的に福祉の発想が伴っていることに注目が必要ではないだろうか。

このセント・クリストファー・ホスピスに医師として働く機会を持った柏木哲夫は、一九七三年には淀川キリスト教病院でホスピスケアをチームで始め、一九八三年に同病院内にホスピスを開設したが、ホスピスとして独立した病棟を一九八一年に開設した長谷川保の聖隷三方原病院（浜松）とともに、日本で初めて一九九〇年四月二五日に「緩和ケア病棟」として政府から承認を受けている。日本にもイギリスの数年後には、緩和医療・終末医療・ホスピスは始まっていたのである。政府の承認が遅いのは、病院の運営が根治療法や原因療法など、いわゆる病気の治療以外のものは病院・病棟とは認められず、他のもの、つまり福祉施設などとしたからだということが考えられるが、行政や立法は実態より少し遅れることを典型的に見せることの一つであろう。

さて、ホスピスケアの理解には様々な重要事項や課題がある。

第一番目は、癌の告知と予後の問題である。告知をするかしないかの、「ケースバイケース」の論理は、次第に一〇〇％告知に向かっているが、告知があってもなくても、癌が初期的なものだったり、根治療法や原因療法が可能な時期には本来、医療行為としていわゆる主治医が主として療法を施行してもよいわけである。現実にはホスピスに入る患者の根治療法が可能な時期は一年ぐらいといわれ、緩和ケアだけが必要になるのは一般的には短い二～三週間であるとされている。つまり理論上はこの短いターミナルステージがターミナルケアの最も重要なときとなる。ホスピスでは、この狭義のターミナルステージのケアと、その前の根治療法の時代を合わせてた広義のホスピスケアを末期療法、つまりターミナルケアとしているようである。

また、死の受容段階説などで、きめ細かく実施されるホスピスチームの実行力の成長、成熟が進んだ結果、患者本人の死後、その家族の悲嘆のプロセスや「新しい希望への積極的態度の展開」などに及ぶケアの実施にも至ることになった。さらに癌末期などの終末医療だけでなく、新たに他の認知症のケアなどにも、この終末期のケアとキュアの論理つまり、医療福祉の発想が広がってゆく様相も出てきたことには注目すべきだろう。

第二には、コミュニケーション課題である。当然告知の問題もコミュニケーションの重要問題だが、治療あるいは緩和ケアのあり方についても、医師と患者が十分話し合って、両者の合意の上で施行される緩和医療が、ホスピスケアには特に必要とされていることである。これはインフォームドコンセントと言われるコミュニケーション概念につながるが、別項で述べる安楽死（救済としての死の希望）なども、この概念の重要性が課題に入ってくると考えなければならない。ホスピスのコミュニケーション課題の鍵概念はインフォームドコンセントだとすると分かりやすい。また最近ではホスピス内がユーモアで満たされるターミナルケアの実効課題が大いに論議されることなど、新たにコミュニケーションテーマとして、受け止められるようになっていることにも注目すべきである。

第三には、ペインコントロールの課題。まずは肉体的ペイン。世界で最初に本格的ホスピスケアをセント・クリストファー・ホスピスで始めたシシリー・ソンダースは、それ以前に勤務していた世界最古のセント・ジョセフ・ホスピスで一九六〇年から一九六七年まで七年もかかって、モルヒネの研究をし、プロンプトン・カクテル（疼痛治療剤：モルヒネとコカインにシロップとアルコールで味つけしたもの）を発明しているというから、ホスピスにはペインコントロール薬が大きな力を持っていたものに違いない。さらに、ペインコントロールに使われるが麻薬ではないインテバン、などのような鎮痛剤、そしてモルヒネより弱めのソセゴンやレペタンなど、現在では様々なものが利用されているという。さらには副作用を配慮した総合的な症状コントロールなども必要となるのも当然で、モルヒネさえあればそれでよい、というものではないことも重要であろう。インフォームドコンセント問題もあわせ、むしろ根治療法より複雑なケア（キュアと言った方がよい緩和治療？）が存在するのである。そこに改めて言う必要もないほどだが、精神的ペインコントロールは、エリザベス・キューブラー・ロスの理論的背景が今でも大きな力を持っていることを思い出すことにしておきたい。

さて、ターミナルケアの社会的意味は、福祉の発想から〝死〟を社会で共有するという、人類の死の処し方でキーワードを考えるとき、ホスピスは「**死ぬ**ための施設」という誤解や、さらには、だから「安楽に死を迎えられる施設だ」という重なるような誤解をも払拭してゆくことを、ケアチームが強く意識していることを受け止めるべき時代にもなった。つまり「死の瞬間まで、その人らしく、そして人間らしく**生き**られる」ように援助してゆくことが、ターミナルケアであるという基本的な考え方を理解しなければならないのである。人間らしさを追求するありかたの、一つの手段として苦痛を取り除く、緩和医療に始まるケアがそこに存在する。

さらにホスピスは世間、つまり人間が通常の生活をしていた環境、雰囲気に近ければ近いほどよいことも追求されるようになってきたと、現場の専門家が盛んに情報発信している。いくら苦痛の緩和医療が必要だからといって病院くさい、医者と看護師とソーシャルワーカーのような専門家の人間ばかりがウロウロするところでは、それがまた「すばらしい施設であればあるほど患者は客人になってしまう」と言われることにも、ホスピスチームは気がついている。いわゆるホスピス環境の緩和剤にはボランティアや、一般の来客のような何でもない人間の出入りが大切なのだという。移動を助けてくれるボランティアとの一言二言。患者の周囲にいる人がみんなソーシャルワーカーになって、自分の死と他人の死を共有するような社会が生まれれば、ホスピスが誕生した意味が大きなものとなるというのである。さらなる展開は一般病棟でもどこでも、ホスピスの志向する人類の理想が得られるようになれば、いずれその特殊な役割を果たす時代を終えて、なくなるときも来るということになる。

つまり、このような末期対応のケア病棟・病院に特化した特別な病院としての存在では、患者がさらなる精神的苦痛を経験する可能性についての意識も台頭してきて、一般のどの病院にも、そういったケア体制を整えることが理想であるとする論調も出て来たからである。当初は、特別なケア環境の確保が必要とされ、スタートしたが時代は進展し、医師らのチームの意識も患者の意識も、家族の意識も次のステップに移ろうとする方向を探っている。

第9章

死に逝く人のこころ（2）
――安楽死――

1　尊厳死とは何か――生命維持装置の着脱

尊厳死は、ターミナルケア（終末期医療）における患者とその家族と、そして医師ら医療チームの極限的問題の一つである。二〇〇八年はじめに改訂された広辞苑には簡単に「末期患者の苦痛軽減、精神的平安」に触れているが、三省堂の国語辞典には、少し具体性を持たせ「無制限な生命維持装置の使用など人間性を無視した人為的な延命を中止し、人間としての尊厳を保って命を全うすること」と記されている。

しかし、その〈無制限な使用〉という時間の設定の仕方について、誰がその意思決定をし、無制限を解き放ち延命を中止してよいのかに、問題が集中する。それが尊厳死か殺人罪かの別れ道になる。

二〇〇七年四月に、それまで日本では法的な制定やガイドラインがなかったが、初めて政府のガイドラインを出すことになったのは、二〇〇六年の富山県射水市の病院で起きた、七件の人工呼吸器の取り外しで、医師の対応が問題となったのが直近のきっかけであったとされる。これがきっかけとされたとは言うが、さらに早く一九六〇年代から日本社会にくすぶっていたことも認められるものである。この射水市の事件八年前、川崎協同病院で発生した「呼吸を助ける」チューブを外し、筋弛緩剤を投与したとして、医師が殺人罪を問われた事件で二〇〇六年二月に、東京高裁判決が延命治療の中止について「尊厳死を許容する法律の制定か、これに変わるガイドラインの策定が必要。国を挙げて議論・検討すべき」としていることも、このガイドライン策定を早めたとされている。いずれにしても終末期医療の現場にいる医師と患者の極限場面を焦点とする医師の行動に、何らかの社会的ルールを示す第一歩とされるものと見られている。ここでは、そのきっかけとなったとされる富山の射水市の病院の成り行きを振り返って、問題点を当時の新聞記事などから推測してみる。

二〇〇五年一〇月九日自宅で脳梗塞に倒れ、昏睡状態で七八歳の男性患者が、射水市民病院に運ばれた。心肺停止状態でもあったので医師（外科部長）は人工呼吸器をつけた。三日後一〇月一二日に医師は家族の同意の上で、内科の看護師に人工呼吸器を外すよう指示を与えた。看護師はそれを実行する前に副院長に伝え、さらに院長が伝え聞いて取り外しを中止させた。医師は院長から延命治療が必要なのに実施しない不良医師として自宅謹慎を命ぜられた。患者は人工呼吸器をつけたままで九日後の一〇月二一日に亡くなった。自然死とされた。院長はさらに、副院長と手分けしてその医師が過去に関わった患者のカルテを調べ二〇〇〇年から二〇〇五年にかけて外科病棟内で、人工呼吸器が取り外されたケースが七件あることを発見したとして、一〇月一四日には病院の設置者である射水市長に報告した。同時に公表すべきことだと判断して、一六日には富山県警に届け出た。七件の捜査が進むのを待ってからということだったが、二〇〇六年三月二五日射水市民病院の院長は突然記者会見を行い、「同院の外科部長が本人や家族の同意書もなく、独断で人工呼吸器を外した結果、過去五年間で七件もの患者が死亡した」と言って、深々と頭を下げた。

七件のうち一件は別の医師の判断によるものだったが、六件は医師のものであるということを同医師も認め、すべて家族の同意があったと主張した。ところが富山県警は二〇〇六年八月殺人を視野に入れて捜査中という情報をマスコミにも流し、二〇〇七年三月二九日になって、「呼吸器を外したことが七人の死因と因果関係あり」という判断を公開した。

というような経過であった。

この経過を見てどこに考えるべきポイントがあるのかということである。

また注目すべきは、ジャーナリズムが院長の記者会見以来、翌年の富山県警の捜査結果に至るまで、医師（外科部長）に社会的非難を浴びせる姿勢を継続していることである。では、院長が会見時に示した外科部長の犯罪性とは何だったのか。二点あった。一つは、家族の同意書を取っていない。第二点は他の医師との協議をしていないということであった。

この当時での末期患者に対する治療行為が中止されてもよい条件は、法制化もガイドラインも存在していないが、一般的許容要件は医療関係者の世界には普及していた。この事件までの過去の同じような事件の判例などから末期医療関係者の意識構造に成立浸透していたものは、死が不可避な末期状況にあることは当然だが、生命の短縮を承諾する患者の明示の意思表示（リビングウィル）を重視するということである。それができないときは家族の同意が必要、また医師の独断ではなく医療チームとしての合意によることが重要、そして方法が倫理的に妥当であること、というあたりであった。

二〇〇五年四月八日、日本集中医学会がＩＣＵ患者の治療中止（ほぼ尊厳死の概念に近い）の指針づくりを始めたと発表したときの指針の骨子には、この事件への影響が考えられる要件が存在する。家族には転院の選択肢も示すなど、ほかの医師の意見を重視し、さらに家族には治療増強、現状維持、治療軽減、治療中止の選択肢を示すこととしている。さらに追加的要件として呼吸管理、水分と栄養補給の中止は禁止、となっていたのである。

同病院の院長はこれらの要件に反するとして、記者会見時の二点を違法性の要件に挙げ、外科部長を反社会的存在として追及する姿勢を取った。警察もそこに犯罪性を追及する姿勢で、捜査し事情聴取などを行い、ジャーナリズムはその社会の動きを報じた結果、一般社会にはあたかも外科部長が犯罪容疑者のごとく認識させられる方向に向かったということである。

一方、この記者会見時からジャーナリズムの一部にも反論はあった。患者自身の容態は事件のきっかけとなった場合を例にすると、患者の意思が確認できるものではなかった。では家族の合意はとなると、合意は得てもそれを文書にすることは、逆に嘱託殺人の証拠を残すことになってしまわないかということから、躊躇が伴い、決断を迫るのは残酷だという一般論もあった。つまり一度取りつけられた呼吸器を外すことが殺人になるなら、それに合意した家族は、嘱託殺人を医師に依頼したことになるという心配である。またこの場合独断でというが、チームを組む体制にない病院では、担当医が決断を下さねば、周囲の医師に聞いたところで、責任を取りたくないがために、賛成することはほとんど考えられない、という見方もあった。さらに外科部長は過去の六件についても、この事件の場合のように心肺停止状況で入院してきた患者に、心肺停止というようなことに対応するその瞬間の緊急的「救命治療」のために呼吸器を装着したのであり、「延命治療」のためではないと言っているのを支持する立場、さらには、「延命治療の中止措置が意図的」であったとしてもそれは、積極的安楽死（積極的に死を早める薬剤などを患者に注入する）ではなく、消極的安楽死（尊厳死）、つまり自然死への導入を行っただけで、妥当な行為だから問題視されるところはない、というものもあった。

それでは一体、問題にした病院の院長や、警察の認識はどのように成立し、外科部長を法律違反、つまり殺人容疑に追い込むようなことになったのか。推定される人間社会の心理的理由を敢えて見なければならないことになる。それは人間の陥る心理状況には、尊い人の命に関わるときでありながら、そこから程遠い人間の社会的欲望の姿を見るというアングルもあるのではないかということである。

この事件少し前に赴任してきた院長は、一〇年も勤めてきた人気も高く力もある外科部長を、眼の上のタンコブ視していたかもしれないことがささやかれていたという。ターミナルケアに人間の尊厳性を特に重視する外科部長の治療姿勢がかえって、延命治療をすればさらに病院経営上は収入の面で有利に働くのを無視する結果をもたらす可能性につながると、院長らが感じても当然とする報道もあった。ジャーナリズムには事件を取り巻く多様な人間社会の問題を挙げたものもあり、この事件を直接指すものではないが、「延命治療はかなりの程度の儲けが病院に出る」ことが説明されていた報道記事もあったのである。

最初家族に医師からの合意に関する説明はなかったとマスコミが報道し、後に発言の訂正があったことや、富山県警にもそれぞれ立場特有の心理背景を考える可能性のあることについて、様々な情報の流れたこともある。どれが正しい情報であるかは結論できないが、善意の医療行為の場合でも、人間の心の動きの背景には、経済的な動機も働くことは無視できないものだ、という報道があったことを紹介をしておきたい。

それでも富山県警の追及は、二〇〇七年三月二九日、七件の呼吸器を外したことが、「患者の死亡と因果関係を認める」との判断を公表し、外科部長の違法性追及を示した形ではあったが、同時に「今は捜査が医療現場に立ち入るべきではないのではないか」とし、犯罪性追及を休止するような発言も記事になった。

そして、二週間後四月一〇日には「延命治療中止に関する」初の国の指針がまとめられたと発表されたのである。

医師の延命中止の条件は先送りという、従来の一般常識化している要件を復習したかのようなものであったが、一応の評価が新聞紙上にも見られるようである。つまり「尊厳死を許容する法律の制定か、これに変わるガイドラインの策定が必要で、国を挙げて議論・検討すべき」という川崎協同病院事件の東京高裁判決時の指摘には、はるかに及ばないレベルのガイドラインではあったが、二〇〇七年四月一〇日に各紙が報じた国の指針は次のようであった。

〈終末期医療の指針骨子〉

＊患者本人の決定を基本として終末期医療を進めることが最も重要な原則

＊医療の開始、不開始、変更、中止などは、医療・チームが慎重に判断する

＊治療方針の決定に際し、患者と医療従事者の合意内容を文書化する

＊患者の意思を推定できない場合は家族と話し合い、患者にとって最善の治療方針を取る

ここでは、射水病院の外科部長の違法性に問題となった家族の合意について、院長が主張した家族との合意文という明示はなかったのである。合意は必要だが、合意書が必要とは明示されないものと理解され、このことからは外科部長の違法性は宙に浮く。

それにしても、これら人間社会の死との関わりが複雑化したのは、よって来るところは、人工呼吸器など高度な技術による救命装置や、医薬の開発であったことを考えると、人類はまだ自らの作り出したものを扱い、社会生活に馴染ませる能力は現実に追いついていないことを証明すると言えよう。死そのものの扱いどころか、自分たちの作った装置にさえ振り回されている、未熟な存在以外の何者でもないということになる。

2 安楽死のこころ――患者のこころと医師の関係

安楽死は、尊厳死のように人口呼吸器を外すなど、救命治療や延命治療を中止して寿命が尽きるのを待つのと違って、歴史的には「慈悲のこころに基づいて」死期を早めることで「良き死、安らかな死（euthanasia）：安楽死の意味」を許容するという考えに準拠して、積極的に薬剤などを投与して死なせることを言う。したがって安楽死は積極的安楽死、一方の尊厳死は消極的安楽死と分類されることもあり、積極的安楽死（active euthanasia）は、死なせる（殺す）こととともなり、消極的安楽死（passive euthanasia）は死ぬに任せることとなることから、安楽死はともすれば法的に「殺人」のように受け止められるが、そうではなく、本来的にはあくまでも殺人ではなく、安楽死は安楽死とするのがよいようである。

安楽死は、一〇〇年ほど前に森鷗外が、作品の『金比羅』で瀕死のわが子の安楽死を考える場面を取り上げ、また『高瀬舟』で病に苦しむ弟から楽にしてくれと言われたとき、哀れに思い救済のこころで殺害する場面を描き、安楽死の用語使用の初めと見てよいとする人も多いが、最近の終末期医療に関連して出てきた安楽死の原点は、イギリスで安楽死協会が誕生したときに使われた安楽死（euthanasia）を、ギリシャ語の「美しい死」を意味するユーサナトス（eu-thanatos）に由来するユーサネイシア（euthanasia）とするところに準拠し、医師が関係するターミナルケアの問題意識から来ているものである。

安楽死のうち、消極的安楽死とする尊厳死でさえも、先の射水市民病院の事件のように、殺人事件を視野に入れて捜査が行われたのと同じように、過去に起こった積極的安楽死の対象とされる事件には、周辺関係者の〝無罪〟つまり安楽死として見なされたものは、二〇〇七年まで一つもない。すべて医師が殺人者と見なされ、罪に問われているのである。まだ、安楽死や尊厳死と見なしてよい要件となる考え方の確立、つまり法的整備やガイドライン設定がなされていないからでもあるが、要件によっては解釈の仕方次第で、特に家族の意思推測の段階などで、そこを利用した現実の殺人につながるようなことを憂慮する傾向が、社会的に存在するからでもある。

日本での代表的な安楽死事件には、一九六二年に「名古屋安楽死事件」山内事件と言われるもの、一九九一年「東海大学付属病院事件」、一九九六年「国保京北病院事件」、一九九八年「川崎協同病院事件」などがあり、それぞれの判決は、その後の安楽死問題を論じてゆく話題提供のきっかけとなっている。

その中、山内事件は唯一、医師の関与ではない尊属殺人事件として取り扱われている。

脳溢血で倒れ病床での激痛に「死にたい」と訴える父親を、息子である二〇歳代の青年が有機リン殺虫剤を混入した牛乳を、事情のわからない母親の手を介して与え、死亡させた事件だとされている。

弁護人が主張する安楽死に対し、名古屋高等裁判所は安楽死と認める六つの要件を示した。

1　不治の病に冒され、死が切迫していること

2　病者の苦痛が甚だしく、死に勝る苦しみであること

3　あくまで病苦の緩和を目的としたものであること

4　本人の意思表示が可能な場合では、承諾があること

5　特別な事情以外、医師の手によること

6　方法が倫理的に妥当で、誰もが容認できるものであること

の条件で、5・6の要件を満たさないとして、この被疑者は「違法な嘱託殺人」の罪に問われたが、1・2・3・4の要件を満たしていることが配慮され、殺人罪としては最も軽い、懲役一年に執行猶予をつけた「自殺関与罪」の判決が下りた。この後「苦痛からの解放」「本人の意思尊重」などの重視を指摘していることから、この判決の

根拠は安楽死を問題にする基本的な要件とされてきた。

次に見る事件は山内事件から三〇年近くも経ったものだが、一九九一年四月一三日に起き、五月になって発覚した「東海大学事件」で、医師が翌年一九九二年七月に殺人罪で起訴されたものである。

一九九〇年四月二三日、その患者は東海大学付属病院に入院した。四月二七日多発性骨髄腫の疑いがあると家族に説明された。長男もそのとき患者の癌告知を受けたことになるが、患者は六月二一日には退院、職場にも復帰した。その暮れ一二月四日に再入院したが、翌一九九一年四月八日脳障害で患者は痙攣発作を起こしたところから、終末の状況が医師と家族の環境を厳しく支配することとなった。九日、一〇日、一一日、一二日は緊急状態で、睡眠剤の中断を家族が要望することや、呼吸の苦痛緩和器具であるエアウェイの装着を医師が行うなど事態は緊迫していた。一三日になると、装着したエアウェイの除去や、点滴やチューブの抜管、痰の吸引中止などについて、家族から、患者の反応に対する救済医療的要望が次々と出て、医師と家族のやり取りが終日続く中、夜間の対応へと時間は経過した。一九時四〇分医師は家族からの要望を伝えられ「早く楽にしてやってくれとお願いしたのに、父は依然として楽になっていない、早く連れて帰りたい」と息子からの訴えがあったとされている。

医師は整脈治療剤（ワラソン）と塩化カリウム原液を用意した。ワラソンを静脈注射したが効果がなかった。そのあと塩化カリウムを二〇cc投与したところで患者の死亡を確認したということになる。医師は患者を「早く楽に」という本人の意思の確認を家族の依頼に基づいていたとしたが、「塩化カリウムが生命を絶つ薬なら断っていた」という家族の訴えで、一九九五年横浜地方裁判所は懲役二年執行猶予二年の実刑を下した。

このとき、先の名古屋安楽死事件の判決を安楽死容認の土台としているが、横浜地方裁判所の判決は、医師による安楽死が容認される要件として次の四点を挙げたことで、社会的に大きな意味を持った。その後の基本となる「家族の推定が患者の意思の表示として許容される」ことを示したことで評価されている。

〈医師による四つの積極的安楽死の要件〉

1　患者に耐え難い激しい肉体的苦痛が存在していること

2　患者の死が避けられないもので、死期が迫っていること

3　積極的安楽死の場合には、患者の肉体的苦痛の除去・緩和のために方法を尽くし、他に代替的手段がないこと

4　間接的安楽死の場合には、患者の推定的意思表示で足りるが、積極的安楽死の場合には、生命の短縮を承認する患者の明示の意思表示があること

というものであった。

これは、その後の医師の終末医療の基本的なガイドラインに代わるものとなっているが、「本人の意思」に加え、死期の迫った意思表示もかなわぬ患者なら、昏睡状態などを配慮して、家族から「本人の意思」を推定することを法律上可能にするものとなったことである。その後一九九六年の国保京北病院や二〇〇七年二月二八日に東京高裁の懲役三年執行猶予五年の二審判決が出た川崎協同病院などの事件もあるが、二〇〇七年四月、初めて国（厚生労働省）がまとめた延命治療の中止に関する指針には、先述の名古屋事件と東海大学事件の判決が影響を与えて今日の姿となったと言えよう。

先にも述べたが、尊厳死も安楽死も本来は、人間が人間にとって大切な生命の尊厳を熟慮した、尊厳ある死に関与する事柄であるのに、東海大学事件も射水市民病院の事件や川崎協同病院、国保京北病院の事件もすべて殺人事件として追及しながら、安楽死という名の下に報道された日本人の人生観、および日本のジャーナリズムの報道観について、整理しておく必要はないだろうか。

安楽死を、①積極的安楽死（いわゆる安楽死）の一つとし、②消極的安楽死（尊厳死）のほかに、もう一つ③間

接的安楽死（終末期の患者の苦痛を排除するために投与する鎮痛剤などが命を縮じめること）の三つに分ける考え方があるが、そのほかに積極的安楽死の中には、森鷗外の『高瀬舟』のように、苦痛除去のための緩和医療を考慮することもなく、死そのものをダイレクトに「死からの救済」とし、死なせる「慈悲死」が存在することは重要であろう。①②③の、それぞれに対応する場面の誰にも「慈悲死」のこころが潜んでいる可能性がないとは言えないからである。人は苦しんでいる他人を見て、素通りすることができない、むしろ助けようとする動機づけが、内発的に作動するシステムを持っているのではないか。フロイトが見つけようとしていたのは、悪に偏るこころ（攻撃欲）に、善の心が押されるかもしれないという、人の心を支配する遺伝子情報の根源的特性に触れる問題と同じように捉えられなければならないのである。

人間の死をどう捉え、どのように演出することができるか。それは「慈悲」「無償の愛」などの追求姿勢と同じく、「安楽死」の心を捉えることに、その道筋を発見することになることがあるかもしれない。

3 自然死の達成意識——死を準備するこころのよりどころ

人は誰でも自然に死にたいと、何となく期待している。自然死の一般的イメージである。

消極的安楽死と言われ、尊厳死とも言われる「死ぬに任せる」目標値に周辺の人間が協力する事態、それを「自然死」として見る見方もあるようである。終末期医療場面で、もう回復が不可能と分かってからは、本人の意思が保障されていれば（リビングウィル：生前遺書などがあれば）、延命治療を中止しても違法ではなく、それは「自然な死」を迎えさせる通常の医療判断範囲であるとした法律が、一九七七年にアメリカのカリフォルニア州で「自然死法（Natural Death Act」という名の下に成立しているからである。

しかし自然死の究極的あり方には、「老衰死」という概念もある。病気がなく植物が枯れるように、①呼吸が停止し、②心臓が停止し、③対光反射が消失して、生命が閉じるというようにごく自然に、消えゆくように死を迎えることを、実は望んでいるのが人間である。

病が原因であっても死の瞬間には、そのように自然に「死に任せる」この老衰死のあり方をしたいのは当然のようで、日本では尊厳死という理解にしようとしていることを、自然死としたアメリカの表現は、誰もが望む老衰死のあり方を病の終末期にも当てはめていると見れば分かりやすい。つまり尊厳死と老衰死のどちらもが自然死ということになる。現在の日本においては厚生労働省の「人口動態調査」（二〇〇七年）によれば一年に一〇〇万人が死亡するが、その八〇％以上が病院で息を引き取るとされている。そうすると一般的に自然死を捉えるには、尊厳死に近い感覚が伴う自然死が大半をしめることとなり、終末期の瞬間の自然死を尊厳死の中に意識せざるをなくなる。現に死亡診断書の統計による老衰死は六五歳以上で五・一％とされるようだから、病のない自然死・老衰死はごく少ない場面ということになる。

したがって現代社会における自然死は、老衰死的尊厳死なのである。それが病院で緩和医療中の終末期の瞬間に経験するか、自宅に戻って経験するかというどちらもが自然死の現在の姿とすることができる。安楽死はその点、自然死の中で捉えられる「死に任せる」尊厳死と違って、苦痛からの解放を目的とするなど、「死なせる」終末医療をも意味するので、自然死の範疇には入れないことになるようである。

自然死を問題視するとき考えなければならないのは、植物状態という延命医療技術の発達がもたらしたとされ、一九七二年にアメリカの神経学者がネイミングした植物人間の登場である。カリフォルニアで成立した自然死法のきっかけとなったのも、この植物状態となったカレン・アン・クインランさんの生命維持装置の中止問題であった。持続的植物状態（Persistent Vagetative State）だった二一歳のカレンさんの生命維持装置を、ニュージャージー州最高裁判所が一九七六年三月三一日世界で初めて、取り外すことを認める判決を下した。その結果カリフォルニアで維持装置取り外し容認の法制化運動が起こったのであった。

それでは、植物状態とはどのようなものなのかを簡潔に整理しておかなければならないだろう。

図9－1　脳の三状態

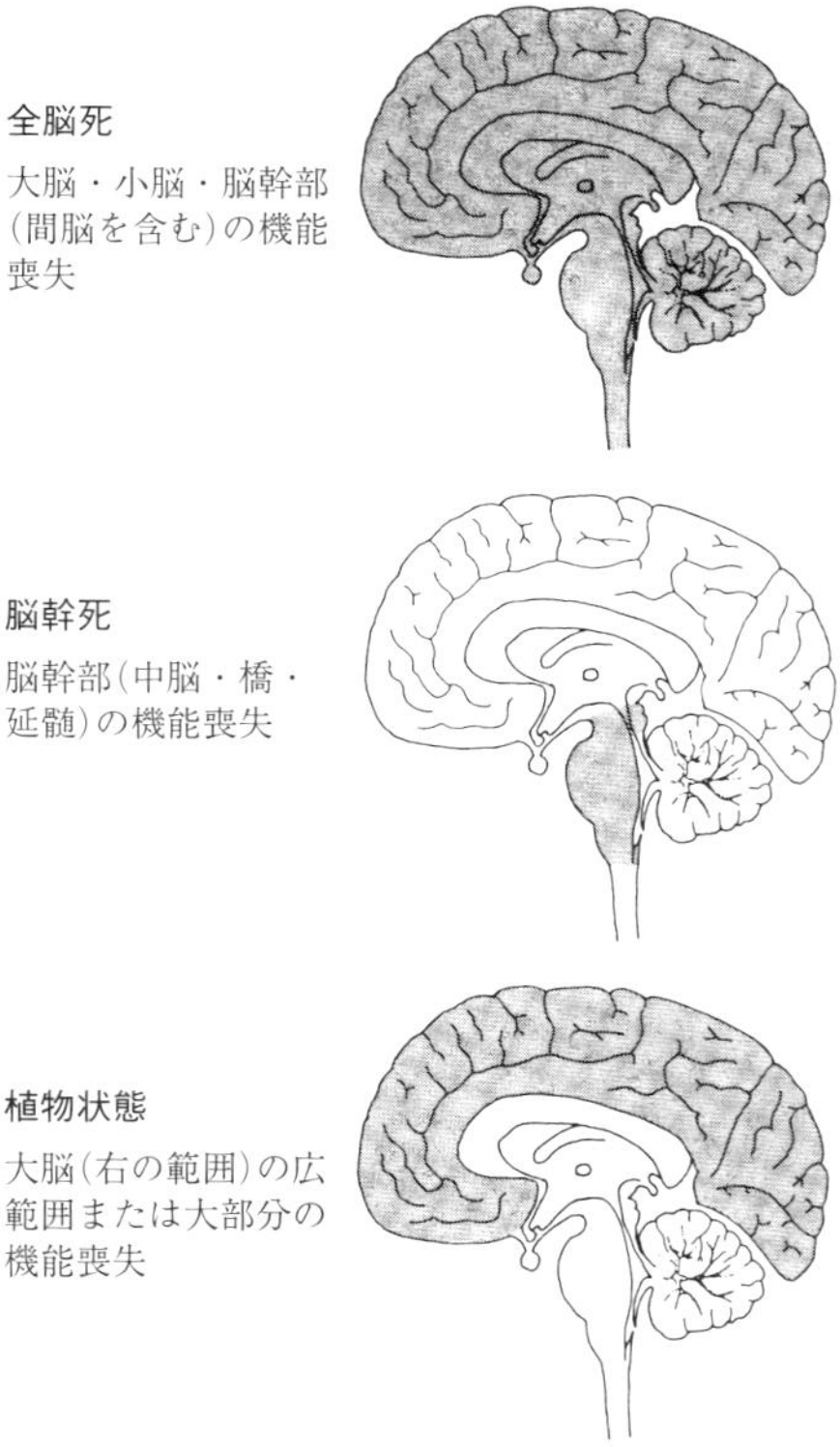

（出所）　水谷弘著『脳死論』より。

大脳のほとんどが死んで、脳幹部が生きているのが植物状態（水谷弘著『脳死論』）であるとされているが、それがどういう状態なのだろうか。先にも挙げた呼吸停止、心臓停止、対光反応の消失が死の三兆候とされてきたが、これを医学的な別の理解としては、死の意味を①呼吸機能、②心臓機能、③脳幹機能の三機能停止を意味するとしていいようである。脳幹機能の停止と対光反応の消失がそのまま対応しているように見えるが、脳幹は、記憶や学習、思考などの人間活動を支配している大脳とは別に、生物としての呼吸も心臓もそのほかあらゆる生命活動をコントロールする脳の中枢なので、対光反応の消失だけが脳幹停止を代表していると見ることはできない。

つまり、ここで知るべきことは大脳のほとんどが死んでも、人間は脳幹が生きていて、呼吸機能もあり、心臓機能もあれば、記憶や、言語や思考の機能が消滅していても、植物状態で生きていることが可能となり、植物人間と言われることである。植物人間は大脳に何らかの疾患があったり、怪我などで損傷があったりしても、自発的には呼吸ができ、心臓も動いている場合に起こる状態とすれば分かりやすい。したがって本来人工呼吸装置など生命維持装置はつかないで生存していることを言う。しかし何らかの不具合で、例えば心臓が動いているのに、呼吸が窒息状態で停止したような場合、一時的な救済のために人工呼吸器で肺に空気を送り、脳幹にも心臓にも酸素が供給され、再び生命システムが作動することもある。だから、先述のアメリカのカレン・アン・クインランさんの生命維持装置の装着は、一時的にほどこされた生命救済のための生命システム作動前の措置であった。だから、生命システムが作動してしまえばそれを外しても、その後九年間生き続けて一九八五年六月に亡くなっているのである。

この植物状態では自分で呼吸ができるが、そうでない場合もある。つまり、常に人工呼吸器で空気を肺に送りこんで、心臓や脳幹に酸素が行くようにしていなければけれれば、間もなく死んでしまう状態もあるのである。すなわち、人工呼吸器で肺に空気を送り込んでいる間は生きているという状態である。これを「脳死」という。したがって大脳にも脳幹にも不具合があって、生命機能停止の状態になった場合は、人工呼吸器の助けを借りて、むしろそれから脳の治療を始めることもあるということになる。脳死は臓器移植という、ほかの人間の救済に関連する、もう一つの大きな二重の死（本人の死と救済される人の死と生）の問題を抱えることになる。医療は死と生の間を扱うことのできる技術を持ったことになっているのである。

ここにもまた、生死を明瞭にする意思決定が伴う課題を抱えているのだが、まだ人類はやはりその自らの技術を完全に凌駕する判断の世界をマスターしないまま、殺人と人命救済の間を、法的解釈などに翻弄されている。社会的動物としては実に未熟な存在であることは認識すべきであろう。

さて、わずか五％内外のわが国の老衰死が、世界で最も多い比率であることを考えると、如何に現在の人類には、究極的自然死では死なないのかを問う必要があるかもしれない。「厚生労働省の「人口動態調査」によると、日本人の死因の種類は一万にも及ぶというが、八〇%以上が病院で死ぬということは、病気の種類が数千種に及ぶということになるのだろうか。その死のリスクをどう見ているかという意識を、若者と高齢者で比較した調査（二〇〇六年の社会心理学会）もある。死因は三二ほどに整理されているが、老衰死のような自然死が抜け落ちているので、若者の方が死のリスク認識が高くなっているというものであった。現実は、高齢で死期が近づくほど、実は自然死願望が強いと読み取ることができるようで、「ぽっくり死」とか「苦痛のない死」なども十分に配慮される「死因の主観的予測意識」というような「人はどのように死にたいのか」を見極める研究も、さらに期待されるようである。

第10章

死の訓練と心の科学

1　死の訓練の意味――死ぬための訓練と生きるための訓練

「死の訓練」は、生まれたときから人間は本能的に行っている、と『死ぬ瞬間の心理』（一九九二年）を著したロバート・カステンバウム（Kastenbaum, Robert）は言っている。つまり、「赤ちゃんの世界では覚醒と睡眠の周期で、存在することと、存在しないことの感覚がもたらされる」としたアダ・モーラー（Maurer, Adah, "Maturation of Concepts of Death"）の研究を引用して、死ぬ運命の認識は生後間もない赤ん坊から始まっていると、説明しているのである。

さらに赤ちゃんは、その状態を覚醒時に、親の関与で試すことにも興味を拡大する。生後三カ月の健康な赤ちゃんは、すでに自分が安全であるという感覚を十分に身につけており、外の世界を試す準備ができている。そして、いないいないばあ（Peek-a-boo）の遊びを通して赤ちゃんは安全な環境の中で、驚きと喜びを交互に繰り返し、また安全という意識を危うくしたり獲得したりすることで、自己という感覚を形成してゆく（モーラー）。

カステンバウムは、モーラーが「いないいないばあ」という言葉を、「生きること、そして死ぬこと」を意味する古い英語から来ていることを突き止めていると言う。さらに「いないいないばあ」を卒業したころには、姿を消しまた現れる「かくれんぼ」のような遊びを、好んですることにも言及する。

安全が確認されたところで、人間は必ず睡眠を取るが、これは「存在すること 対 存在しないこと」を体験し、存在しないことを自動的に本能行動として訓練しているということになる。確かに人間は覚醒時と睡眠時では、まるきり人格も違い、睡眠時は死んだのも同然なことをよく知っている。また単細胞動物のアメーバやゾウリムシなどに睡眠が存在するのかどうかは不明だが、一般的に動物には睡眠というものが、生存という仕組みの中に組み込まれていて、成長発達や覚醒時の行動のエネルギーシステムの回復作業などを担っていることは、どの学問分野でも否定することはない。

彼はまた、エリー・メチニコフ（Metchnikoff, Elie）が一九〇五年に著した『人間の本質』で「疲れた人が寝ることを望むように、高齢者が死を望むのは自然なこと」と言っていることにも触れている。この理論では、人間が生きよう生きようとする方向へ細胞エネルギーが発揚、あるいは調整するという最近の心理学的理論の基本に、それまで置き去りにしてきたかのような睡眠を当て、遺伝子に組み込まれた生命の理論には、「睡眠と覚醒」つまり「死と生」が組み込まれていることを指摘していることになる。その点では睡眠が死の訓練であるというより、生と死の同居説とでも言えるかもしれない。人間は睡眠つまり一種の死を抱えて生と死の共生を生きているのである。

なお、ロバート・カステンバウムは、従来型の生を死から分離する理論にも眼を向けて、死に向かう人間のこころの理論に挑戦もしている。現代ではまだ反論の多いフロイトの「死の本能」論を再考することへの新鮮さをも主張しているのである。フロイトは晩年、一般的には「生の本脳」起点のあらゆる人間の行動原理に対して、「死の本能」という死独自のこころの理論が「生の本能」と競演することで、人間の存在が成立させられているとしていたことは前にも述べた。若い時代フロイトは「生の本能」だけで取り組んだ「攻撃欲の追求」で、自殺や殺人を説明しようとしたが、晩年に体験した世界大戦をそれでは説明できなかったことが最大のポイントであった。フロイトは戦争が生の本能では解決できないことについて、「戦争は死の本能の大規模な表出である」とアインシュタインとの交流書簡に書き送っていた。

確かに、その大戦における死への人間の行動原理として、ただ殺人行為を説明する心理学的アプローチでは説明不可能な「死の訓練」も登場していたことは事実である。わが国の第二次大戦中の「特攻」や「特殊潜航艇」の訓練などは、明らかに、死を覚悟した行動を達成するための「訓練」として実施され、死をもって実行されたことも記憶に新しい。まさ

図10-1　9.11アメリカ同時多発テロにより倒壊するWTC

しく「死の訓練」とされたこともよく分かる。

近年の二〇〇一年九月一一日にアメリカで起きた同時多発テロ事件やイラク戦争後のイラクで頻発した自爆テロなども、自分たちの行為を軍事訓練を受けた結果と自ら称している。これらはそれでも、日本の中の理解では特攻のような軍事行動ではなく、一般市民への無差別行為であるから、社会的な意味は「特攻」とは違っているとされるが、自分の所属する集団の利益のために、敵対する相手集団にダメージを与えることを目的とすることで、「死に向かう訓練」を伴う死への行動であることでは、共通性があると見る人も多いようである。

この集団行動の理解に、現段階の心理学でも、マスローの欲求の段階説第三段階の「所属と愛情の欲求」や、社会的動機の理論（自分の所属する集団のためにはどんな行動にも動機づけられてゆく心理）などで説明可能とし、自分の所属集団のために取る行動が、死をも賭けた生のエネルギー発揚と意思決定の理論で裏づけることが一般的である。だからこれらの行動理論は、「死の本能」理論を持ち出さなくとも説明できるとする研究者も多い。

しかし説明はできるが、その行動を阻止する理論が伴っていないところが問題なのである。状況説明だけに終わる理論となり、戦争には予防も阻止も効果が非常に望み薄の、未完成理論となっているところが現実である。だからフロイトが特殊な理論を持ち出さねばならなかったのは、これら攻撃、殺人、破壊の実現行動表出の、異常な強さと不滅の存在に着目したからに違いない。これは、時代背景には核爆弾まで開発された、特殊な社会環境を背景に行われる「軍事訓練」につながり、一般的に「死の訓練」と言えば、こういうイメージとなってしまう。ところが、この「死の訓練」はむしろネガティヴな概念で、これを如何に回避するかに向かって、後の章に述べる平和の心理学のようなアプローチで迫ろうとする、人類の取り組みも出ることになった。

つまり、ここで議論しようとする「死の訓練」はこのことではない。

そもそも訓練とは、実際にあることを行って習熟させ、一定の目標に到達させるための実践的教育活動を言うのであり、避難訓練、防災訓練、防火訓練など、人間が生き延びるために準備する実行計画の演習（物事に習熟するために練習を行うこと）なのである。

「死の訓練」とは、近年の平和時の日本で初めて「死の訓練」を提唱したアルフォンス・デーケン（Deeken, Alfons. 1932–）によると、死の恐怖というものを、行き過ぎた反応にならないノーマルなレベルで理解し、ネガティヴな面ではなく、人間の寿命の有限性を改めて悟ることから始めるべきと言っている。したがって、後に詳しく述べるが「死の訓練」は、立派により良く生きることを目的とする「生の訓練」と言い換えることもできるもので、人間が生き延びる上で実行する演習、という理解の上に立っている。間違いなく訓練そのものである。

さらにデーケンは、「死の訓練」でまず念頭に置くべきポイントを示唆した。それは、克服すべき九つのタイプの「死の恐怖」を挙げていることである。それらを克服する（もちろん訓練で）ことで、今まで気がつかなかった潜在的な自己の人間能力の可能性を刺激し、より創造的に生きることを発見しなければならない、としているのである。

死の恐怖とは次のようである。

①苦痛への恐怖
②孤独への恐怖
③不愉快な体験への恐怖、つまり尊厳を失うことの恐れ
④家族や社会の負担になることへの恐れ
⑤未知なるものを前にしての不安：死に関しては誰も体験的には教えてくれない
⑥人生に対する不安と結びついた死への不安：人生失敗を重ねると死の意識にも否定的
⑦人生を不完全のまま終える不安：人生未完成の意識は過去をも死をも否定的に見る

⑧自己消滅への不安：自己保存本能は自己の全面的喪失を否定する
⑨死後の裁きへの恐怖と罰への不安：生前の悪い行いへの反省や地獄などで裁かれる不安
これらを克服する精神的取り組み、つまりこれらの不安を乗り越えるこころの訓練が「死の訓練」の第一歩というわけである。

さらにデーケン博士や多くの期末医療に関係する医師らは、人間は死から独立した生の場面で常に別離経験を持つことに注目する。例えば、身近な人の死や愛する者との死別経験は、大きな試練となり「悲嘆のプロセス」という情緒的な試練に見舞われることになる。そのプロセスの体験は、自己の死を理解し、いずれ自己に実現する死の強力な訓練場面となるということを主張している。身近な人の死や愛する者との死別経験による「悲嘆のプロセス」を見事に克服し、体得することが最強の「死の訓練」の本格的実施だというのである。

このプロセス論は、死に向かう期末患者や、患者の家族の多くを目前にした医師たちの経験から出たもので、前述のエリザベス・キューブラー・ロスの「死の受容段階説」、フィンクの「障害受容（危機モデル）」やキャサリン・M・サンダース（Sanders, Catherine M.）の「死別の悲しみを癒すアドバイス」などがベースになっていると考えられるが、アルフォンス・デーケンの「悲嘆のプロセス」は一二段階に分けられている。柏木哲夫（前出）の「悲嘆のプロセス」六段階のものなどもあるが、一二段階で「死の訓練」の入り口に至る助走をしてみよう。

次のプロセスのこころの働きをよく理解することが「死の訓練」につながるのである。

①**精神的打撃と麻酔状態**：愛する人の死が衝撃となり、現実感覚が麻痺状態になる。この一時的な情報遮断状態は、心身のショックを緩和するための生体の本能的防衛機制とされる

②**否認**：愛する人の死を感情的に拒否すると同時に、理性的にも否定しようとする心が働く

③**パニック**：身近な人の死には恐怖心が伴うことが多い。恐怖は極度のパニック状態を招く

④**不当感と怒り**：ショックが少し収まると、悲しみと同時に事態の不当な苦しみは「何故？」という問いと激しい怒りに変わる。交通事故のように愛する者の死に関わりのある相手がいる場合そこに怒りが向く

⑤**敵意とうらみ**：周囲の人々や故人に対しても、やり場のない感情を、敵意や不信の形でぶつけるようになる。医療者には不信、故人には本人の不注意などの無責任を責めるようなこと

⑥**罪責感**：悲嘆のプロセスが進むと、自分の過去の行いを悔やみ、「もっと早く気がついていたらこんなことにならなかったのに」などと後悔の念で自分を責めるようになる

⑦**空想形成・幻想**：亡くなった人がまだ生きていると空想し、実生活にそのような振る舞いをする。夫の死後一年も、毎晩夫の食事を作って待っていたり、亡くなった子供の部屋をそのままに置く

⑧**孤独感と抑鬱**：葬儀など慌しさが一段落すると、紛らわしようのない孤独感が襲ってくる。気分が沈んで人間嫌いなどになったりすることも多いので、この時期周囲の温かい援助が重要

⑨**精神的混乱と無関心（アパシー）**：愛する人がいないので、日々の生活目標も見失い、すべてにやる気をなくしてしまう。一時的には必ず通るが、長引くようだと精神医など専門家の援助が必要

⑩**諦めと受容**：勇気を持って直面する現実を「明らかに」見つめ、受け入れられるようになる。

⑪**新しい希望・ユーモアと笑いの再発見**：愛する人の死と現実を切り離すことができるようになり、ユーモアと笑いが再びよみがえり、次の新しい生活への第一歩を踏み出す希望が生まれてくる

⑫**立ち直りの段階・新しいアイデンティティの誕生**：悲嘆のプロセスを乗り越えると、愛する人を亡くす以前の自分に戻るのではない。これらの喪失体験を経てより豊かな成熟した人間に生まれ変わり、新しいアイデンティティを得ることができる

つまり、自分以外の死、特に愛するものの死を体験し、以上のようなプロセスを乗り越えることが「死の訓練」

図10-2　デーケンの悲嘆のプロセス

①精神的打撃と麻酔状態
↓
②否　認
↓
③パニック
↓
④不当惑と怒り
↓
⑤敵意とうらみ
↓
⑥罪責感
↓
⑦空想形成・幻想
↓
⑧孤独感と抑鬱
↓
⑨精神的混乱と無関心
↓
⑩諦めと受容
↓
⑪新しい希望
↓
⑫立ち直りの段階

としては最も手っ取り早い演習実例となるというわけである。その訓練中にさらに一皮剥け、成熟した自分を発見することができるところまでいくことになる。

日本人にとって分かりやすいのは、一般的な仏式による葬儀を思い起こすのがよいのかもしれない。デーケン博士の一二段階をその儀式のプロセスでうまく対応しているようにも見えるところがある。

それは宗教的な慣習のシステムであっても、人の心の把握に歴史的な作用が働き、科学的な現在のこころの訓練計画に近づけていたように見える。①②③などの精神状態のときには、通夜、葬儀など、できるだけ近しい人だけで過ごすように仕組まれ、④⑤の時期には香典返しの作業などで忙しく、さらに世話になった人への気配りにこころを向けられているなど、精神的プロセスの回避や克服の状況作りに、符合するようであると見るのは間違っているだろうか。四十九日ごろの対応の忙しさで⑥⑦⑧がかわされるのではないか。そして一周忌、三周忌が二年連続で来るのには、⑨⑩の時期にやるべきことの行動計画が連続して、何ともやるせない心の避難場所の役割を演出している。次第に⑪⑫の時期に入るが、その期間を七回忌までゆったりと確保するところなどは、絶妙の時間配分がされているという意味づけをするのに異論はあるだろうか。故人のあの世への旅立ちというための時間配分で初七日、四十九日などが理由づけられているが、実は残された家族らの「悲嘆のプロセス」の克服のための時間配分だったのではないか。葬儀に続く法事などの宗教が計画したことには、まさしく残された者の「悲嘆のプロセス」の対応とした「死の訓練」を見るという一面がある。古人の知恵にも学ぶものが多くあるということである。

ところで、愛するものの死に出会うことのない場合には訓練はできないのか。そこが「死の訓練」の難しいところである。次にそのテーマを追って考えたい。

2 死の準備——デス・エデュケーションの必要性と有効性

アルフォンス・デーケン博士は、「死の訓練」では、一人ひとりに、自己の終末期の受容につながる心構えの啓蒙を、すればよいということだけを考えているのではない。「死の訓練」については赤ん坊の時代から、学童、学生、働く青年、そして大人から元気な老人でさえも、まだ死について意識する機会の少なかった人まで、「教育されなければならない唯一の動物（ペスタロッチ）」としての人間社会の教育システムに「死の準備教育」というカリキュラムを投入することが重要と言っている。もちろん、死の宣告を受けた病人やターミナルケアの場面にいる人々にも、緊急的「死の準備教育」が必要と指摘することもある。すべての人間が対象であるのは、人間の発達段階に応じてどの時期にもという意味である。

欧米では、この数十年の間にデス・エデュケーション（Death Education）つまり「死の準備教育」の普及が進んでいるというのに、日本は遅れ気味だという指摘も多い。そして、「死の準備教育」の意味についても、論議があまりないことにも注目すべきであろう。

まず、デス・エデュケーションの学校教育の意味を考えてみる。先に述べたマリア・モンテッソーリの教育の意味などにも、その原点が存在する。例えば「殺すなかれ、うらやむなかれ」と毎日宗教的な繰り返される唱和があるような家庭環境で、心の成立がされているうち（欧米の近代）は良かったが、その環境が崩壊する傾向を感じることになった時代のモンテッソーリには、別の教育で「殺さないこころの育成」が必要とされ、教育の指針にも大きな影響の必要性を感じたと、彼女自身の著書にも言っている。つまり幼児教育の必要性を感じた社会的背景を重視し、問題意識を発動させたのと同じ意味で、現代社会の時代的背景（後に詳しく述べる）には、デス・エデュケーションがクローズアップされることになっていると言ってよい。それは特に欧米発ではあるが……。デーケン博士も二〇〇〇年七月二六日の『読売新聞』で、当時の日本の少年犯罪を見聞きして「一連の少年事件で感じたのは、学校の成績のような数字に表れるものしか認めず、生命の尊重といった、眼に見えないものを無視する日本の教育のあり方が疑問である。社会全体も同じ偏った価値観で動いるようだ」と語っている。さらに二〇〇三年三月一五日の『朝日新聞』では「二〇〇一年九月一一日ニューヨークのホスピスを訪れていた私は、世界貿易センタービルへ旅客機が突入する光景を目撃した。以後何故テロリストが生まれたのか、何故命をかけてまで実行したのかについて感じる姿勢が必要だと考えるようになった」、また「しかしこの間テロを生み出すような境遇に生きる人々との間で相互交流、相互理解の試みがなされたかということだ。広島、長崎の体験を持つ日本の青年が、アジア諸国との交流にどれだけ取り組めているのだろうか」とも述べている。

デス・エデュケーションの必要性をそのようなところにも感じているという訳である。

そしてさらに、曽野綾子さんへの書簡（「旅立ちの朝に」に収録）には「将来に向けては、デス・エデュケーションを小学校からの必須科目としてカリキュラムに組み入れたいという大きな目標があります」と言っている。これは命の大切さ、他者の大切さ、やがては死に逝くものとしての連帯感を深め、学校現場でのいじめや暴力の現象にも効果を持たせる上に、子供の時代から成人した後のこころにまで続く死の理解、つまり本来のデス・エデュケーションの目的をも実現させたいということである。

最近は日本でも専門家が集まって共同研究がされるようになっているが、子供時代に対応するアメリカの学校で実施されている「死の準備教育」の骨子を見ると次のようである。
＊5～6歳以下の子供：「生命の誕生、成長、死」の意味を植物や動物を教材に行う
＊小学2～3年生：新聞などの死亡記事スクラップを作ったり、葬儀屋の見学など行う
＊小学4～5年生：人間や動物の寿命調べや人口統計、死亡原因統計などを調べる
＊高学年学生：自殺、中絶、安楽死、末期患者への医療処置、植物人間などのテーマ学習

アメリカだけではなく日本でも、このような学童、学生へのデス・エデュケーションに始まり、①エイズの患者へのもの、②疾病や自己の後遺症による肉体的、精神的障害のある人たちへのもの、③社会的に容認され難い喪失体験者（ホモ・セクシャルなど）へのもの、④挫折感と孤独に陥った高齢者へのもの、などなど「悲嘆のプロセス」をベースにした特殊なデス・エデュケーション場面まで想定するカリキュラムの研究も出てきていることは注目に値する。

もちろん、先にも述べた病院・ホスピスにおけるデス・エデュケーションは重視されていて、そこでの目標には六つの準備教育目標が挙げられている。①すべてを手放す・執着を断ち切る、②許し・和解、③感謝の表明、④別れを告げる、⑤遺言書の作成、⑥自分の葬儀について考え、周囲に伝えておく、という六つである。

個人が目指すべき「死の訓練」の目標もこのあたりにある、と言ってもよいのではないだろうか。

「死の準備教育」は「死の訓練」の社会的システム作りの一つであるが、それが個人の死の瞬間において、後悔のない、より良い「理想的な死に方」を目指す心構えの作り方を支援するものであるなら、明らかに社会的教育システムの基本問題が論じられるのと同じである。つまり死の瞬間に集約されてゆく、生き方の教育システムでなければならないからだ。

「死の訓練」が、教育を必要とする唯一の動物である人間の、重要な教育システムの一端を支えるものであるこ

となれば、人間の最も重要な生き方を支配することになるものと言い換えてもよいことになる。やはり、そういう角度から見ても「死の訓練」は「生の訓練」と言い換えることになるのである。

3 死の認識を生に埋める――精神的死、社会的死の克服訓練

「死の準備教育：デス・エデュケーション」が人間として立派な死の瞬間のためにある「死の訓練」の社会的システム展開であるとすれば、それは「より良く生きる教育」ということになり、古くから人間が手に入れた教育理論そのものになってしまった。

それならば、今人類は長い歴史で得た「生の教育理論」と同じように、「死の教育理論」を手に入れようとしていると言い換えてもいいのだろうか。

ホスピスなどターミナルケアに関係した医師たちは、口々に「人間は、生きてきた通りに死ぬ」（元大阪大教授・現金城学院院長柏木哲夫著『死を看取る医学』）と言っている。

生きてきた通りとは何なのか。先に引用した『ヴァニシングポイント』の著者は、癌宣告の後、自らの生きた証しを出版という形で文章に残したが、生前は出版社勤めであった。生きてきた通りの仕事を通して死の瞬間を迎えたのである。また、あのタイタニック号の最後の瞬間、船が傾いて沈没していくとき、楽器も人も海中に投げ出されるまで、楽団の人たちはエピスコパル派の聖歌「秋」を演奏していた。伝説では「主よみもとに近づかん」を奏しながら沈んでいったとされているが、無電士のハロルド・ブライドが、「秋」であったと証言しているらしいので、「秋」が正しいようである。いずれにしても音楽家は音楽を奏でながら死んで逝った。絵に描いたような、「人は生きてきた通りに死んでいった」のである。

しかし、人はこのように、誰にでも分かる形で「生きてきた通り」には逝くものではない。医師たちが言っているのは、パーソナリティに近い人の特性を指して「生きてきた通り」を言っていると見た方がよいのではないだろうか。

「わがままな性格を持った人は、わがままのまま死んで逝く」「立派な紳士的態度を続けてきた人は、紳士的な立派な死に方をする」「いつも感謝の気持で生きているタイプの人は、周りの関係者に感謝しながら死んで逝く」などと言った具合なのである。

したがって「死の訓練」とは、死ぬ瞬間に備えて、「自分が生きてきたことに悔いのない」「人間として文化的素養が身についていて、教養がにじみ出る」堂々とした立派な姿勢で、感謝の心を絶やさず、他人に迷惑をかけずに、好かれ愛されて逝くための、態度を作る「生の訓練」をすると言い換えられるようだ。

社会的に立派な紳士、淑女になる訓練をすることなのである。

このような人間のあり方を人類は歴史的にどのように捉えてきたのであろうか。「死の訓練」というのは長い歴史を経て人類が目指した「人間のあり方の追求」そのものではないのか。ほかの動物とは違う人間の尊厳をもとに「人としてのあり方」を追求したこれまでの人間の姿そのもの、つまり人間の「生の訓練」そのものが、人間の「死の訓練」となるということであったのだ。

ここでちょっと話の初めに戻って、ここ数十年の間に改めて「死の受容」に始まり、「悲嘆のプロセス」また「死の準備教育」などという「死の訓練」に関わることに、その必要性が叫ばれるようになったのかを、考えてみる必要があるだろう。理由を問わないが、欧米の方が少し早く現象が現れていたのだが、ここでは日本の現状分析で代表させてゆくことにする。すなわち現代社会の特性分析のようなものである。一般的には、医師の立場で次の五つが挙げられている。

図10-3　死亡場所の割合と死亡者数

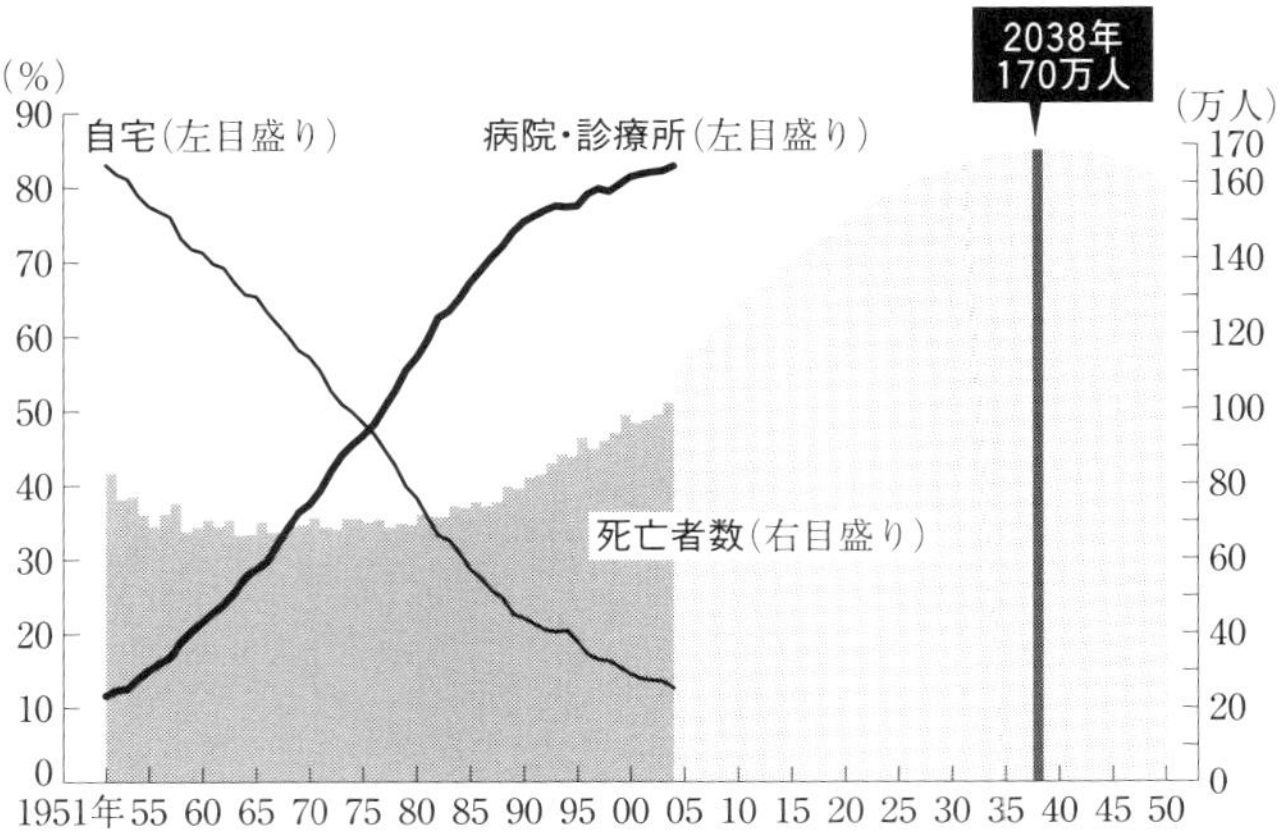

（注）　04年までは厚労省の人口動態統計。
（出所）　05年以降は社会保障・人口問題研究所による推計。

① 第一の理由は病院死の増加（二一世紀になると八〇％が病院死）である。これは核家族の増加と夫婦共働きの拡大傾向を背景に、孫たちの祖父など年寄りを自宅で看取る機会が激減した、つまり身近に死を体験することがなくなり、遠くしかも病院での出来事となったからである。したがって「死の訓練」に関わる意識の台頭は、病院での治療や看護の世界から始まった理由もよく分かる。

② 二番目には現代医療における人間疎外傾向への反省というものである。進歩した生命維持装置や薬物などの扱い方で、医師らの治療チームなどに、尊厳死に関わるような場面で延命や治療に問い直したい問題点が浮き彫りになることも多くなったからではないか。

③ 三番目には、病院内での現代医療の進歩から、新しい複雑な死の定義の壁にぶつかったこともあるだろう。例えば生命維持装置の開発と活用の結果、医学的な死に関する定義が、従来型の社会的に認められる死との間にズレができたことなど、また臓死と脳死の存在が独立して論じられることになったようなこともあるはずである。

④ 四番目には、疾病構造の変化が目覚しいことである。厚生労働省の死亡統計などにおいても、悪性新生物（癌）が最大の死因となったが、病状の進行を一時的に抑えることができる医療の進展も手伝い、病名を知っ

た後に比較的長期の「死の恐怖」に向き合う患者やその家族を多く生み出したからである。

⑤ 五番目は自殺や精神的犯罪の増大である。高齢者の自殺も増大しているが、若年層の自殺といじめによるなど悲惨な犯罪の増大や、ゲームなどの普及で仮想の死が氾濫する中、命の重みが置き去りにされていないかと、生きている意味の喪失状態にまで議論が及ぶ時代になったからでもある。

これらの理由があるからこそ、若い世代から中年層、そして高齢者、あるいは末期的状況にある高齢者まで、現代社会に「死の準備教育」の必要性が問われるようなことになってきた。なお、若い世代の「死の訓練」の必要性も、いずれ高齢に達しそのときの意義ある死への準備として要望されるだけではなく、⑤に挙げられる理由などからも分かるように、それぞれの世代に即座で直接的な必要性を問われることになっていることにも注目を要する。

つまり、「生の訓練」に通じる「死の訓練」は、若年層にも、どの世代にも、即座に直接的に必要なものとして取り扱われる社会的重大事項であることを強調すべき時代なのである。

さて、ここで社会的な必要性に対応できる「死の訓練」が頼るべき、よりどころとなるポイントをデーケンの死の四つの意味を借りて論じてみたい。それは「より良く生きる死の訓練」の方策へとつながるうまい発想だと考えられるからである。

博士は、人間の死には①生きる意欲を失い、人間らしい感情や思いやりの心を失った「心理的な死」というものがあると言い、また②本質的に社会的存在である人間も、社会生活が制限されるなど、社会活動ができなくなるような「社会的な死」がある、また、③生活に芸術や音楽、趣味など文化的で心理的に潤いを保つことのできることから遠ざかってしまう「文化的な死」というものがあるとする。さらに④一般的に「死」と言われる「肉体的な死」の死があるのだというのである。

この四つの死の意味を理解し、それぞれを克服するところに「死の訓練」が「生の訓練」として成立させられる鍵があると考えるのも重視すべきであろう。

まず、「精神的な死」を克服する方策が、「死の訓練」の第一歩となる。毎日を無意味にだらだらと過ごすことから脱出し、生き生きとした生活するにはどうすればいいか。百人百様の方策があるはずである。誰もが平生から取り組んでいる生き方そのものなのである。ただ、少し気を抜いてだらだら生活になっているとき、ねじを巻き直すことから始める。提案を挙げるなら、毎日文庫本を必ず一冊読み上げるというほどの意気込みを持つことなどではないか。「哲学をすることが、すなわち〈死の訓練をすること〉」とモンテーニュ（Montaigne, Michel E. de. 1533–1592）が言っているが、その助走には読書が一番だとする考えは、数千年の前のエジプトやギリシャ、ペルシャ、中国にもあったことを思い出すのがよい。

第二に「社会的な死」を克服する。人は働いてそして死に向かう時間の流れの中に生きてきた。最近の長寿化の中で、仕事を終える定年という社会的棄老境界線の年齢から、死までの時間の延長傾向がどんどん強くなってきたことを認識するところにポイントがある。社会から捨てられた、定年後の生き方に潤いと張りを持たせる工夫のようなことが第二の「死の訓練」ということになる。趣味を持つことの重要性である。仮に病の床についても趣味を病床で生かすことも可能である。コンピュータネットで趣味仲間と語り合う場を平生から作っておく、趣味に刺激を与えてくれるＤＶＤソフトを簡単に見られる装置を持っておくなど「訓練の準備」はいくらでも考えられる。

第三に「文化的な死」の克服である。これは社会的死の克服に必要な趣味の意欲などもその一つとなるが、芸術や音楽の世界に興味を持ち続ける意志のようなものが重要だということである。おっくうなことと思わず、ライブや音楽会、美術館などへ出かける意欲が、人間の潤いを持つ機会を増大する。こころの潤いを問い続ける姿勢の持ち方を常に追求しているという生活態度の自己実現である。

第四に「生物的な死」の克服である。植物や動物は衰弱して死んで逝くのを待っているだけである。しかし人間は肉体の衰弱プロセスは動物、あるいは植物とも同じだが、根本的な違いのあることも認識しなければならないとデーケン博士も言う。生まれたら肉体は動物や植物と同じように衰弱して死を迎えることは間違いのないことであるが、たとえ避けられない生物的衰弱の過程であろうとも、人格的な能力は最後の瞬間まで成長できる能力を持っているということに注目する意志が重要。そして最後の日々をどのように過ごすかを、自分で選べる能力も持っていることの気づきなのである。つまり、自分なりの死を演出、完成させられる能力を与えられていることに気がつくことが大切なのである。

こうして見てくると「死の訓練」は、何度も繰り返すように、まさしく「生の訓練」と同一のものであり、結果として「人間にとって教育とは何であったか」を改めて問い直すことであるとも言える。宗教や慣習などで張り巡らされてきた人間の「死の扱い方」を、人間の教育訓練システムの中に取り入れるということにもなるのである。

しかし、そう考えてしまうだけで、人間の心を追求する心理学として「死の瞬間」の心の理論、あるいはそこに向かう人の心の「死の訓練」が成立するのではない。死は実は訓練不能なのである。死は一度しか経験できない。死に向かうときは誰でも初心者となる。すでに古代ローマ時代からその死生観は確立されていた。死刑執行寸前の死刑囚に友人が質問したのに答えた言葉が残っている。「今私は、全精神を整え集中させ、生から死に移るその瞬間の心を認め理解できるかどうかを見届ける構えである。その生から死への瞬間の心を知ったら、できれば戻ってきて知らせてやりたいと考えているところだ」（モンテーニュ「エセー」より）と言ったと伝えられている。だが戻ってきた人はいない。人間の死は永遠に誰にも初体験で、それが最後になる宿命である。「死の訓練」は、防災訓練のように実施の真似はできない。死に向かう心の教育が可能なだけなのである。だからこそ「死の訓練」は「死の準備教育」にすり替えることが浮上してくるのである。そして、むしろ〝生きていることが奇跡〟という認識をこころに叩き込んだ上で、〝いかに生きるか〟に挑戦する人類の教育の歴史に組み込まれることになる。

第11章 不老不死のこころと科学

1　不老不死の実現にかけた人類の死生史

二〇〇七年六月一五日、宮崎県都城市に住む国内最高齢一一一歳の田鍋友時さん宅に、英ギネス・ワールド・レコーズ社（ギネスブック）から、男性世界最高齢者となった認定書が届いた。一月にそれまで世界最高齢だったプエルトリコの一一五歳の男性がなくなっていたからだという。そのときお祝いの人たちに混じってテレビ局の取材もあった。田鍋さんはお決まりの質問を受けながらカメラの前にいた。質問の最後に「これから、どれぐらい生きたいと思っておられますか?」と聞かれたが、しばらく答えはなかった。耳は遠くなっておられるというが、それまでの質問には程よいクイックレスポンスだったのに、しばしの沈黙が続いた……とテレビを見ている私には感じられた。

そしてこう答えたのである。「わしゃ、死にたくない！」

かつて二〇世紀の後半、双子の姉妹、きんさん・ぎんさんがともに一〇〇歳を越えたというので、取材を受けテレビ出演料を「何に使うか」と問われたとき、「老後の蓄えにしておく」と答えたのも、これからまだまだ生きるという意欲の表現だと、微笑ましく思った人は多かったに違いない。田鍋さんの表現は、それ以上に意欲的、積極的だったことになる。

一〇〇歳を超える人たちの生命力は、いつまでも生きようとしている精神的意欲に支えられているようにも思えないだろうか。人は一日を長く起きていると早く眠りたいと身体が要求するように、人生を長く過ごしていると、ある程度のところからは早く眠り（永遠の）につきたい、という身体的要求に抵抗感がなくなるという理論も存在するが、長寿の人たちは、そこに抵抗感を持っていると見ることは注目すべきである。この「もっと生きたい」という欲望、あるいは動機づけはどこから生まれてくるのだろうか。

一つは「死への恐怖」、つまり死ぬのが怖いからだと考えてよいものがある。年齢にとらわれない一般的な「健康志向」も、その深層心理には「死にたくない」という動機づけの原点を見ることができるのと同じ、人の心の自然な傾向として理解可能である。

二つ目は、生きていることが楽しくて仕方がないから、このまま生き続けたいという社会的欲求の表出場面である。筆者が大学卒業と同時に入社し、定年まで勤めた電機会社の創業者は六五歳で臨終を迎えた床で、周囲のものに囲まれながら「もう一度……！」と指を立てて長い眠りについたという。後々の経営環境への不適応に苦しむような時代の社長とは異なり、自分の思う通りに会社を動かし、大きくは社会を動かすほどの力を発揮していた大社長は、それは楽しい人生であり、当然「もう一度、同じような人生をやりたい」と思ったことには違いない。エジプトの王たちや中国を初めて統一した秦の始皇帝らに代表されるように、「楽しくて仕方がない。だからもっと生き続けたい」が優先する先人たちにも、どこか共通する心情が働く「心の状態」を作り上げていたと言うこともできよう。

おそらくこれらの大王たちは、死ぬのが怖いという「死への恐怖心」から死後の世界を模索したのではなかったようにも考えられる。もっと積極的な「こころの働き」を持っていた。もう一度生き返ることを目指したのである。そのためには前の肉体が何らかの形で必要だとする考え方もあった。太陽や月の世界（つまり永遠に変わらぬ世界）に行って再び帰還するために、ピラミッドの両脇には、太陽や月に漕ぎ出す船と、ピラミッドにはミイラになった元の身体を用意させたのもそれであったのに違いない。

アジアの大国、中国の秦の始皇帝はどうだったのだろうか。自分の墳墓には、太陽や月を目指すツールは用意されていない。むしろ、日常の生活で所有していた部下（軍隊）や馬車など、その兵隊一人ひとりから馬車、日傘に至るまで、あまりにもリアルすぎるほどの実物大土器模型を用意してあった。あの世でも日常と違わない生活ができるように、そのイメージとしてのミニアチュア軍隊や馬車を用意したのではなかった。ずばり墳墓内には実物大で、もし魂が入れば即実働可能な様相の軍隊が、そこに並んでいるではないか。この実物大はなぜであったかは、まだ歴史的な説明を見たことはないが、魂の帰る場所を作っておくというよりは、気休めに部下を配下にしておくための役割にすぎなかったように見える。現世の権力誇示としてのものだったのに違いない。始皇帝はだから、もっと生き続けるために現世の可能性に挑戦した。それがこの章を代表する「不老不死」の実現に向かった姿勢を支えるこころのあり方追求のターゲットだと言えよう。

現世で永久に年を取ることなく、また死ぬこともない。永遠に生き続ける方法を追求したのである。「不老不死」には「不老長寿」の用語が同時に存在しているので、死が存在しないのではなく、生き続ける時間の長さが計り知れないということでもある。その長寿を得るために、始皇帝は何をしようとしたのか。第一は長寿の術を心得ている仙人という存在に方法の伝授を受けることであった。

始皇帝は韓、趙、魏、楚、燕などを大陸の中央部から一〇年ほどかけて次々と制圧し、最後に黄海に面する東海の地方に勢力を持つ、この山東地方の〝斉〟を制圧して、紀元前二二一年に天下統一を果たした。当然その地にも行幸したが、大陸奥深くから攻め上がってきた始皇帝にとっては、東海の海にはとても強い魅力を感じたらしい。特に海の中に三つの神山が見えるという、大陸の奥では聞いたこともない話が耳に入った。三神山の実態は、現在でも山東省の沿岸で現れる蜃気楼だというが、当時起こりつつあった「神仙思想」ともつながり、その神山に住む仙人がとてつもない長寿であるという噂があった。

行幸中にその地方、琅琊・阜卿の人で、人々がみな「千歳の翁」と呼び、東海の海辺でクスリを売っていたとされる、安期先生なる人物に会って三日三晩語り合ったという記録「列仙伝（安期先生）」もある。そのとき安期先生は始皇帝から黄金や碧玉を大量に賜ったが、その後阜卿の役所に現れ、お礼の「赤玉の靴」と、大量の財宝を全部残して立ち去ったという。そして安期先生から始皇帝宛の手紙には「数年経ったら、私を探しに蓬莱山に来られよ」とあった。

蓬莱山は『史記（始皇本記）』に徐福（徐市：ジョフツとも言う）なる人物が、東海の中に蓬莱・方丈・瀛州の三神山があり、そこに仙人を探しに行かせてほしいと始皇帝に願い出た三神山の一つであった。

始皇帝は徐福に、七人の臣下を長に、生活に必須の職業分担の理想的構図からなる、漁夫、車大工、石工、窯工、木こり、また裁縫、料理、機織などの技量を備えた、男女一二〇人の童男童女を与え、蓬莱山に向かうことを許した。前二一九年のことであった。

このとき、徐福の若いころからの親友盧生が副団長に迎えられたが、友人の部下となるのはプライドが許さなかったのか、盧生は去っていった。数年たって何時までも戻らぬ徐福に業を煮やしたこともあってか、始皇帝はその盧生に「羨門高誓」という仙人と仙薬を探させた記録もある。前二一二年のことである。

その後も始皇帝は、韓衆・候公・石生といった方子（徐福・盧生も方子と言われ、占いや医術などに関わる当時の知識人）たちにも仙人と仙薬を探させた。しかし誰も不老不死の薬を手に入れないうちに、始皇帝はそれからわずか二年後（前二一〇年）に亡くなった。巨費を積んで不老長寿を手に入れようとしていたが、財宝では不老や長寿は手に入らなかった。当時始皇帝は仙人と語って長寿の秘訣を聞くというような悠長な考えは持っていなかったのではなかったか。飲んだら直ぐ効く仙薬・霊薬を手に入れたかったのに違いない。

始皇帝が蓬莱山を探させた徐福は、『史記』などの記録により、確かに中国では歴史的に実証されうる人物であった。山東半島の南つけ根あたりの琅琊を船出して、その後は海のかなた南方に数千人の童男童女を引き連れて到着、住み着いて数万家になったという（『三国志』（孫権伝））さらなる記録も存在するが、日本にも徐福が着いて蓬莱山と仙薬を探し回った痕跡がある。

図11-1　和歌山新宮の徐福像

日本列島のあちこちに蓬莱山も存在し、徐福の住み着いたという伝説、さらには墓まで存在する。あれだけの生活技術の集団である。どこに住み着いても都市活動を十分こなせる人の集団である。さらに言えば、琅琊から東の海に向かえば、眼と鼻の先の日本列島に漂着しても少しもおかしくはない。日本では秦の始皇帝に遣わされたというので、自分たちを秦と名乗ったため、彼らの農

耕技術：畑や畠（ハタ）、織物技術：機（ハタ）を織る、その製品の旗・幡（ハタ）などを伝授されたとき、日本にいた原住民は秦と自分たちのことを称する人たちをハタ氏と呼んだのではなかったか。それに中国では徐福が日本に渡って神武天皇になったという言い伝えもあると聞く。そう言えば天皇は代々自分のことをチン（朕）と言うが、秦は中国発音ではチンである。蛇足だが、日本の伝説地をたどると、佐賀県有明海から鹿児島、宮崎県延岡市、高知県土佐市、和歌山県新宮市、愛知県名古屋市、山梨県富士吉田市、東京都八丈島などへと痕跡は続く。それに有明海では明らかに上陸地となり、後はこの順に移動して仙薬を捜し歩いたという説が有力である。和歌山新宮市には定着し、そこに墓もあるが、熱田神宮、冨士、八丈島へは探索のため新宮から出かけたと伝えられる伝説もあり、科学的な思考方法でもつじつまの合う足跡となる。

図11－2　秦始皇帝の希望で徐福がたどったと想定される道

　そのほか日本海には京都府伊根町や秋田、青森への足跡もあるがこれは有明海からの別働隊（琅琊からは数多くの船で出立した）、あるいは太平洋岸に定着後かなりの時間経過後に、探索のための集団として派遣され、仙薬を追い求めていたものとすれば、無理のない科学的説明となる。紀伊半島からの上陸定着はかなり奥地に踏み込んでいて、現代でもその地名となる滋賀県の「秦の荘」などでは、周辺広く京都までも秦姓を名乗る人々が、今もって秦国から来た子孫と自称しているのも興味深いことである。日本人の先祖には、当時では先端技術を誇っていた中国統一超大国秦の技術を導入し、さらにはその人々の遺伝子の影響もあると考えられるのは、始皇帝がその権力と財力によって得ようとした不老不死の仙薬のためではなかったろうか。

当時の中国大陸での「神仙思想」などの文化的傾向をも背景に、始皇帝の欲望的心情が作り上げた不老不死への挑戦が、日本列島にも強力な文化的伝播がもたらされたというのも見捨てることはできない。

2 不老不死の精神的挑戦——不老不死の意識構造

不老不死を得るために仙薬・霊薬を持つ仙人を探し、仙人から薬の材料や処方を伝授してもらわねばならない。そのためには仙人が住むという蓬莱山に行くことを必須条件とし、徐福や盧生を遣わした始皇帝の目的は、直ぐにはかなわなかった。しかしこの仙薬・霊薬の確保を目標とする不老不死・不老長寿への挑戦は、人類にとって間違いではなかった。現在私たちが追求する長寿のための健康法や、緊急時の延命措置にもそれは生き続けていて、健康サプリメントや生活習慣病の治療薬、そして緊急時の投薬に至るまで、人間社会の延命も治療も薬漬けで成立しているといってもよいからである。

始皇帝の死後漢の時代に入り、半世紀も経った武帝の時代には、神仙思想実現への武帝自身の思い入れが強かったこともあり、周囲への波及効果は強く、神仙思想の一般化はますます広がりを大きくしていった。人々は皆最終的には仙人になる（長寿を実現する）ことを目指したのである。

それには仙人になるために必要な仙薬・霊薬を追い求めることだった。その仙薬・霊薬は、本草（薬草）つまり仙薬の本《もと》となる芝草（霊芝）から作られるのだが、このころにはすでに『神農本草経』という薬草（本草）マニュアルが成立していて、すでに薬物効果を用途別に整理していたのである。この最古の薬物書（つまり漢方）の原本は失われているが、改定本で四八〇年ごろ陶弘景によって編集され（広辞苑）たものが現在に残っている。これによると、すでに一五〇〇年から二〇〇〇年も前に、薬物三六五種を上薬（一二〇種）、中薬（一二〇種）下薬（一二五種）に分け、上薬は生命を養うための仙薬で「養命」という名称で分類され、中薬はいきいきと人の生を養うための健康薬として「養生」と名づけられ、下薬は病気を治すための「治病」という名称で分類されているという。二一世紀現在の薬物の効果分類と何も変わらないように思えるほどである。

また、薬草とは別に雲母とか水晶などを粉末にして、他の薬物と酢で練り合わせて服用する仙人も多かったという記録があちこちに残っているが、酢の健康効果が健康維持や健康回復に、もてはやされる現在の健康法にも通じるものだ。違っているのは鉱物質を粉砕するばかりではなく、水銀のような鉱物を直接服用することが、かなり信じられていたにも拘らず、逆に命を縮めることが分かった失敗例もあるというようなことである。それでも、基本的な発想は人類にとってほとんど変わらないというところにも注目すべきところがある。

中国や東アジアに限らず、植物や動物の部分、鉱物の服用が人体の長寿や健康、治療などに果たす役割を求める考え方、つまり人間の生き続けることへの独創的精神活動の挑戦は、少々の違いはあっても、基本的には同じような処方箋が、ヨーロッパやアフリカ、アメリカ大陸にもオセアニアにも脈々と鼓動し続けてきたということも歴史的に実証されている。人類の不老不死の発想を実現するためには、人間の住む地球上の自分たちの周辺の山や植物、動物という自然から得られるものを服用することにまず焦点が当てられたのは事実である。

動物もそうだが、人間も生き延びるために食する自然な食欲充足の行動をうながす、ホメオスタシス原理に逆らって、強制的に薬草・仙草・霊草などを食することを目指したことが注目に値する。そして、初め権力者などごく一部の人間の欲望の対象となった長寿志向が、瞬くうちに一般化し、人類共通の欲望に向かって拡大したと見ることができるところが面白いのではないか。

一方、仙人になるためには、薬物の服用により昇仙することだけではなかった。「列仙伝」「神仙伝」などに紹介される百数十人の仙人らの生活行動には、薬草を服用するよりは、食事のあり方に重点が置かれていると考えられる面が多いとされている。五穀をあまり取らずに木の実や草だけの粗食生活が、基本となることなどが紹介されることもあるという。自然な食欲充足行動に逆らう、身体は要求しないが精神的な目的の設定の中で服用する薬物の存在もさることながら、さらに精神的に追い詰める食事対応をすることもあるというのである。仙人は霞を食べて生きているというイメージがあるように、薬物の服用の「服薬」に対して、穀物を食べない「辟穀《へきこく》」と呼ばれる仙人の行動原理のようなものも歴然と存在した。

他に柔軟体操を行う「導引」と呼ばれる行動や、呼吸を意識的に行う「行気」と呼ばれる〝術〟もあるが、どれも現在の世界的健康法につながるもので、現代医療的健康法（特に生活習慣病への対処法）の「薬」「食事」「運動」に集約されると言って過言でない。すなわち現在の健康管理発想と何も変わっていないということである。

言わば今や、人類は全員が不老長寿の仙人目指して、生き続けていることになるのではないか。つまり不老長寿の思想は、単なる「神仙思想」として、ある時期のあるいは一過的な精神的よりどころとしての「考え方」に留まることなく、その現実的手法まですべての展開が、早くから一般化し、その後二〇〇〇年以上にわたり、変わることなく現在にまで人類の健康的生き方や病気排除の論理に及んだのである。

それは、東洋の一部に限るものというよりは、地球上に拡散した人類に共通していて、より良くより長く生きる動機づけが働いていると見ておかしくはないようである。

『神農本草経』で、不老不死の仙薬が「養命」「養生」「治療（病）」の三種に分けられたように、現代的発想での「延命」「救命」「治療」のような医療行為のうち、治療についての考え方には、悪い病の源泉を取り去るという思想が東西にはそれぞれあり、東西で異なるように言われるが、実は共通していることに注目すべきであろう。

「お払い」などの精神的治療行動における悪の排除を基本とする東洋的発想と、肉体的外科的除去という西洋的発想法の違いを指摘する歴史理解も存在することについてである。一方は精神的、他方は肉体的という違いが強調されることもあるが、人の心の展開パターンとしては同じ「悪いものの排除」という原理に集約される。さらにはこの人間が本来持つ治癒力を促進するために薬物を利用するところに強い共通項があるのだ。文化交流を考慮しなくともその共通性は高く、最終的対処法のレベルで理解すれば、西洋的発想も東洋的発想も「悪いものは（東洋では精神的に、西洋では肉体的に）排除し、後は人間の自然的存在が持つ自然治癒力を促進する薬物の投与（服用）」を基本的な処方箋に持ち続けてきた点である。洋の東西にも人間が自然の力として持つ復元力（治癒力）を如何に生かすかというところに結末的集約ポイントがあり、いずれも変わるところがない、という結論に至る。

その不老長寿を求める人の精神構造は、古くから数えれば数千年の時間を超えて、人間の存在そのものを原点とする自然の生命力（生き続けようとする能力）を促進する仙薬、霊薬や、その製法と使用方法を手にする仙人を捜し求めてきたのである。現在もそこに変わりがないのは、ある意味では、宗教的な発想で言えば、神が作った宇宙の偉大な力によって与えられた生命に逆らうのではなく、その範囲内のできるだけの延命ノウハウを手に入れるものであったと言い換えられることになる。

長寿を求めるために健康を確保することでは同じだが、現在の健康確保のターゲットが女性では特に、美容となるような一時的な違いを持ってきたことの理解にも、突き詰めれば長寿志向と無関係ではないことに誰もが気づくことになる。

3 不老不死の肉体的理解——細胞学の展開と遺伝子

さて以上のように、健康は長寿のためから、健康は美しさを保つためと振り替わるようなちょっとした違いの表出もあるが、基本的な意識構造を突き詰めれば、若さを保つことを目指すことは、当然不老で長寿を目指すことになるわけだから、何ら変わったことにはならないと言える。しかし、現実的には生命の基本的理解のあり方と関係して、もっと大きな変化も見え隠れすることになった。

細胞や遺伝子の研究の進んだ現代科学の進展に影響された人々の心には、二〇世紀末ごろからその美（若さ）の確保を目指す意識が成立するはずの、現代科学の不老長寿、不老不死の研究目標に、意外なことに「本当に死なない人間」の追求意識の成立をもたらす方向への進展があるのだ。人間を「細胞のシステム集合体」とする物理化学的存在として見た場合、遺伝子理解を追い足してみることを含め、細胞のあり方を制御して永久存在を可能にする理論が成立するという意識を持ったことである。

まず、不老とは「老いないこと」の追求だが、「老いる」とは何かという認識設定には、明らかにその「老いる」ことを取り除けば、「本当の不老不死」が実現するという理論に近づくことになる。現代医学の理論で立てられた仮説は多様である。

次に老化とは一体何かが分かれば、それをコントロールすることで老化を打ち消すことができ、不老つまり長寿や不死を実現できるということになるという理論の展開である。老化を定義する考え方を、公表されているものから二、三挙げてみることにしよう。

① 老化は、遺伝子にあらかじめプログラミングされた積極的な現象で、寿命も遺伝子に制御されているという

もの

② 異なる高分子と結合して新しい高分子を作るコラーゲンなどのような物質は、分解されにくいので体内で細胞障害を起こし老化が引き起こされるというもの

③ 細胞の代謝速度が速い動物ほど短命ということを見ることや、代謝速度が細胞入れ替えのための細胞分裂速度に一致しないことが老化を支配するというもの

④ DNA、RNA、たんぱく質の異変（エラー）が細胞機能を低下させ、老化を引き起こすというもの

⑤ 体内に化学反応しやすいフリーラジカル（遊離基）分子ができると、たんぱく質や核酸、脂肪などと生体構成成分とが化学反応し、細胞機能に障害をもたらし老化を起こすというもの

⑥ 免疫細胞が外来細胞に対せず、自己内細胞に向かうことが増えることで、老化を引き起こすというものなどがある。

つまり老化を捉える角度が、かつての神仙思想、あるいは美容術とでも言った不老不死意識から、少々違ったところで不老不死の実現追求を意識し、人間を肉体と精神という把握で見たものではなく、人体の細胞対処法で見るというところに現代医学的対応の焦点が合わされているのが重要なポイントである。これらのことを背景に、精密な部品で作られた航空機の金属疲労やエンジンの寿命・老化を捉えるのと同じように、人間を細胞によって形成された精密な存在として扱おうとしているところがあるのである。

まず老化を不老にする発想の一番目は「老化を遅らせること」とする。当然細胞という部品の長寿命化を図るのである。これは前述のすべての考え方に関係している。

第二番目には、「老化を食い止める」ことに挑戦する。

ここまでの対応措置は、結果的に神仙思想が持つ薬効効果の延長線上、にある考え方と共通すると考えてよいだ

ろう。しかしこれからが違ってくる。

第三番目には、「老化の進行を逆戻りさせ若返らせる」。

無理をすれば、発想として薬草・仙薬・霊薬の活用範囲にもあったものと見てもよいが、違いは人体と生命を細胞レベルで直接摑んでいることである。これには、細胞の認識やＤＮＡ理論の理解の上に立つ現代科学の発展を背景にして、人間の体内でナノ（一〇億分の一メーター）レベルの極小のロボットが活躍する可能性などをも主張し、実現時期を予測する学者もいるほどである。極小ロボットはナノボットと名づけられ、体内で癌細胞を破壊したり、様々な病原体や毒素、また壊死組織片を破壊するなどのほか、体内や脳内にまで入り込み、ＤＮＡエラーを修正、修復することまでやってしまうという。これは老化の原因①を除去する可能性の予測であり、二〇三〇年には完成するという発明家もいる。

第四番目には、「老化し使用不能となった細胞パーツを新しいモノと交換する」のであり、これは臓器移植など現実の医療行為の中で、すでに実際に組み込まれたものとなっている。最近では、再生医療の分野で進歩した細胞の研究から、ＥＳ細胞という身体のどの部分にもなることができる細胞を用いて、皮膚や血管や臓器を新品にすることも可能になる。アメリカの民間会社で実用研究を進めているというが、二〇〇七年秋に、京都大学などが、作製発表したヒト万能細胞（ｉＰＳ細胞）研究なども、さらに取り組みを進展させている。このノウハウは行き着くところ、脳にはどれだけの永久保存技術、つまり新品交換技術が用意されるのかである。すべてが交換や新品にされた身体部分を考えるとき、臓器や筋肉なら問題はないが、脳の場合はそこで別人になってしまわないかという点に注目が集まる。

第五番目には、「人体の生物学的な時間を一時停止させること」である。つまり現在の医学で治療不可能な病のため、亡くなった人の身体をマイナス一九六℃以下の低温で、生物学的変化がほとんど起きない状態にして保存し、

図11-3　人間を冷凍保存するアルコー・ライフ・エクステンション財団（アメリカ・アリゾナ州）

将来治療可能な技術が達成された場合に、治療を受け回復できるようにするようなことだ。まだ人体で実現させた例はないというが、人工授精用の卵子や精子など、一部の細胞については凍結保存が現実的事実となり、受精卵でさえ一旦は凍結保存され必要なときに解凍して生かされているという現実もある。現在二一世紀初めにはアメリカ国内で二つの団体が、未来の治療を待つ人のために、人体の冷凍保存を実施しているという。一つはアリゾナ州のアルコー・ライフ・エクステンション財団で、もう一つはミシガン州を拠点とするクライオニクス研究所である。両団体は一二万ドルと二万八〇〇〇ドルという預かり料金は異なるが、マイナス二〇〇℃で亡くなった患者を冷凍保存するという点では同じで、両団体合わせて一〇〇〇人を超える予約もあるという。

今や不老不死の世界は、現実に生きているうちに達成されなくても、ひとまず生物学的な時間の進行を止めて、不老不死の技術が完成した世界に、再び生き返りその後に長い時間を生き続けることができるかもしれないという希望のもと、〝冷凍保存〟に託した人間も存在することになったのである。

人間個人が過去から目指し追求してきた不老長寿・不老不死の意識世界は、これからも過去の人間まで不死を実現させようとするとなれば、果たして、細胞という部品の交換などで新品同様に若くして、人間をいくらでも生かしておけることと自体をどう考えるべきか、というテーマに大きなエネルギーをさかなければならなくなる。これらの技術が仮に二一世紀の中ごろかそれ以降に達成できたとする。そのとき通常の新品交換（受精による誕生）で生まれ登場する新しい生命を含め、一〇〇億以上にもなった地球上の人々にとっては、冷凍から醒め、若返った人間をどう迎えるかは想定の外にあるのではないか。

その飛躍的人口増大エネルギーが人類を宇宙に拡大生存させるきっかけとなり、それまでと違った新しい宇宙人・地球人のあり方が始まるのが自然の成り行き、と見ることも議論になるのであろうか。

人類は今、夢の追求対象であった不老不死の世界について、必ずしも人類の理想的な世界を演出する舞台劇ではなかったことに、気づかされる羽目に陥ったのではなかったか。それが細胞や遺伝子の研究成果から来たものであれば、もう一度細胞とは何かをも追求する必要に迫られることになる。

細胞にとって「死とは何か」である。現時点での細胞研究の中で論じられるアポトーシス理論などは、やはり細胞も死ぬという。しかし単細胞レベルでは死なない。人間も精子や卵子という単細胞になって生き残り、さらに細胞内にある設計図通りに分裂増殖して、永遠に継続した生のシステムの中にある、とした細胞の永遠性もさることながら、改めて細胞の生命に問い直す意識が人類に迫っていることも事実である。

細胞は実際に、細胞集団で形成される個体の生存に必要な細胞交代（代謝）が実証されている。常に更新される個体各部の、新しい細胞に取って代わられる個体組織のためには、旧細胞が計画的に死ぬことも、歴然と認められる。古い皮膚細胞は垢となって体外に捨てられてゆくのを、誰もが経験するようにである。

だから、「細胞の計画死」「細胞の生命に仕組まれた自殺過程」「死はまた、生のために必要なことがら」など、死が生を押し出してくる宇宙の神秘に到達するような落としどころを細胞の存在の中に意識し、追求する時代となったことも、また忘れられない現実となっている。人類にとって、人間のあるいは人体細胞の不老不死とは何であったか。今一度振り返り、またこれからの新しい生き方にも、死に方にも哲学的姿勢で取り組むべき問題意識の持ち方が立ちはだかっていることを、忘れるわけにはいかない。

第12章 死を学習する社会の成立

1　伝染性生物と闘いを続ける人類

人間は、古くから多くの種類の大量死と戦い続けてきた。

第一は飢餓との戦いである。例えば古くは氷河期のような、過酷な気象条件の下に置かれる地球の環境を、どのように越えたかである。植物も動物も低い温度環境に置かれるほど、生命を保つ耐性が弱くなる。つまり植物の摂取をベースにして、生命のリンクが成立している地球上の生物の存在には、低温環境では生命数の減少傾向は、どんどん進展する。

その場合、それぞれのレベルの生命数を制限して、地球の供給する能力範囲内での生存を確保するということになる。亜寒帯から寒帯に生存する動物などが、現在でも冬季に食べられる範囲内の生存数で、ギリギリの種族保存を維持しているのを見ればよく分かる。人類も、長期的な氷河期のような地球環境下でも同じような対応で精一杯種族保存を行ってきたのに違いない。しかしさらには、冬季というような短期的な極悪気象条件下では、春夏秋の間に余分に食料を確保（備蓄）しておき、冬をやり過ごすという手法を身につけることができたのは、生物史上人類が初めてであった。飢餓の克服は、備蓄という他の生物が長期展望を持った意識では今も達成できない能力を、人は身につけたからである。人類は飢餓対策を学習し、生存の基盤を拡大してきた生き物なのである。

第二は疫病との闘いである。もちろん人類は初め、目前の大形動物の餌にされないように生きる対応が優先されたであろう。人類の集団もそれほどの大集団でないうちは、伝染病の入り込む機会は少ないし、仮に入り込んでも被害は拡大しないし、まず眼に見えない敵にはまだ敵対意識はなく、自然死の範疇に入れて受け入れ対応をしていたようなこともあっただろう。アフリカやヨーロッパではライオンとの戦いを絵などに残したり、蛇やコンドルとの戦いを石彫刻にしたりした南米の古代文化などは、それらのことが疫病との闘いに優先していたと見ることができるからである。

しかし次第に人間集団の集合性が大きくなり、いわゆる都市生活を中心にする社会が、登場するにしたがって、伝染性の疫病が人口の減少に大きく関係するほどの影響を与えることになった。一三四七年から一三五一年にかけて、当時の北欧を除く全ヨーロッパに流行した疫病ペストは、その対象地域の約三分の一の人口の生命を奪ったと記録されている。それ以前にも古代ギリシャで、ペロポネソス戦争初期にアテネの人々を襲った疫病は市民だけでなく、指導者ペリクレスの生命をも奪ったので敗戦に追い込まれたという。アテネが都会だったからである。わが国においても七三七年首都・奈良の都が襲われ、そのお払いに聖武天皇（第四五代天皇、七〇一―七五六）が奈良の大仏を建立したとされるし、九九五年には大規模な疫病が平安京を襲った。前者は天然痘、後者ははしかと推定されている。

近年では一九一八年から一九一九年にかけて全世界で猛威を振るったインフルエンザの一種にスペイン風邪というものがある。感染者は六億人、死亡者は四〇〇〇万から五〇〇〇万人と言われる大量死を経験した。このように、疫病の被害が人間の都市生活化で膨大なスケールで見られるようになった。だからこそ二一世紀に入ってもSARSや肉牛による狂牛病、豚の口蹄疫などの発生があるやいなや、直ちに輸入や国際的交通にまで制限を加えるような、国際的対応も極めて神経質に繰り広げられているのである。人類は疫病対策を学習してきたのである。

現代科学ではさらに、伝染性の疫病がウイルスの関与するものであることや、その伝染性の形に種類のあることなど様々な様相を解明することになった。特に現代医療技術の発展があったからこそ出現した感染実態は、人類が他人を助けるために実行した医療行為が原因でも起こるHIVやB型肝炎、C型肝炎、などの悲劇を学習することともなり、輸血製剤の検査技術や注射器の針刺し事故防止技術など、後追い学習も積み重ねられることにならざるをえなくなった。このような「血液感染」による伝染性の事態収拾をはじめ、伝染の形は「接触感染」つまり皮膚接触が病原体の移動を促し感染を成立させる疥癬や、蚊の媒介で皮膚から感染する日本脳炎などの存在も判明した。

さらには「飛沫感染」や「空気感染」、つまり咳や〝くしゃみ〟で放出された体液の飛沫が病原菌を含んでいるので、それが他人の粘膜に付着して感染が成立したり、飛沫として空気中に飛散した病原菌が水分蒸発後、軽い微粒子となって病原性を保持したまま浮遊して他人に到達し、感染が成立するものなどの区別も学習したのである。飛沫感染は風邪の流行でよく知られるが、空気感染には麻疹、結核やSARSの原因となるコロナウイルスが有名である。この種の感染病原菌対策にはマスク（特殊マスクも含め）が重要な役割を演じることになる。

そのほかにも、病原菌がある生物内で発育、増殖した後に人間に伝播感染が成立する「生物学的感染」や、感染

図12-1　疫病流行回数

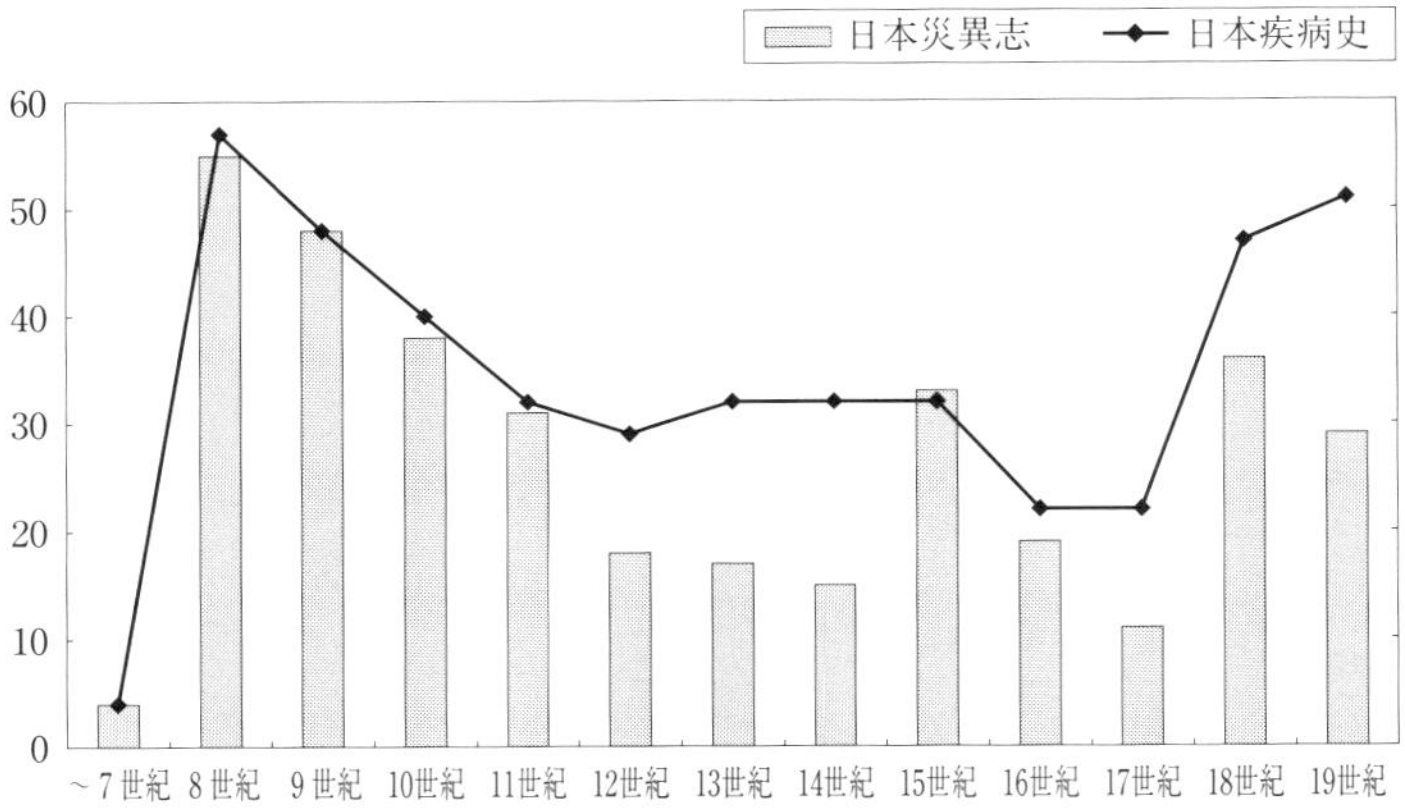

（資料）　浜野潔の紹介する『日本疾病史』『日本災異志』のデータから筆者作成。

動物由来の飼料や汚染された水を摂取した動物の肉（例えば狂牛病の牛肉）を通して感染が成立する「媒介物感染」、さらにはエイズウイルスのように「性感染」や「母子感染」が成立するものもある。

それぞれに対応策は累積的に考案されるなど、人類は今もって伝染性の疫病と闘い続けている。人類の繁栄は、つまり集団性を拡大し、その人口を増殖させるにしたがって、人間に死をもたらす敵のうち、飢餓と疫病は人類が対応すべきビッグ2とも言うべきものだとされるが、現代の社会ではまだ勝利を得たと言える状況ではなく、それらは常に見えたり見えなかったりするモンスターのように人類の油断を突く姿勢で襲ってくると言っていい。人類が学習した大量死との戦いは、終わってはいないどころか、終わりの目標も見えていないことには十分な構えを持つべきだということになる。

なお、日本の疫病に関する歴史的（記録）データは、明治になって小鹿島果の『日本災異志』（日本鉱業会、一九八四年再版）や富士川游『日本疾病史』（平凡社東洋文庫、一九六九年再版）に紹介され、そのデータを解説する最近の研究も多い。一六、一七世紀の疫病の流行低下傾向の理由に、戦国時代というような社会環境によるデータ不足を配慮すべきとするが、飢饉のデータは必ずしも減少していないという歴史データとの関係で、その矛盾を解説するようなことが起こっている。データベースに追跡データが加えられるにしたがって世紀間の流行回数に差が少なくなる傾向も表れるなど、これらの研究でも「伝染病の歴史は決して終わっていない」と言っているのである。

わが国でも大量死を招く伝染病を媒介するウイルスとの闘いはまだ終わっていない。人類は、相手がライオンや大蛇のような見える敵である生き物への対応は、ある程度の処方箋を手に入れた。しかし、ウイルスなど見えざる生き物への対応ノウハウは、現代科学では、かなりのレベルでの処方箋を手に入れてはいるものの、防衛策などにはまだまだ不備が残っていることを認識している。疫病との闘いが人類の歴史的な解決課題であることには間違いない。

2 戦争と平和を学習するこころの歴史

人類にとって、不平等で予想外の死から逃れるという、未達成の「死の克服」は飢餓、疫病のように、相手が気候変動などの自然環境であったり、ウイルスなどの他の生き物であったりすることだけではない。人類は人間自身が殺し合うという「戦争」が、飢餓や疫病以上に克服の未達成課題として、最も長い歴史的な時間を過ごしてきた。

大きな問題点の一つは、集団で生きることに由来することでは疫病などと同じ課題を抱えている。集団が大きくなり、その集団が共通の意識構造に包まれてしまうような形が出来上がったとき、集団は自己の集団の欲望追求や、自己集団の保全意識の確立が進展するなどの理由で、集団同士で戦いに突入する。殺し合いが終わり、双方があらゆるものを失うという、実りのない殺伐とした精神状況の中で、「もうこんなことは二度とするまい」と、お互い

図12-2　今ある世界の核兵器

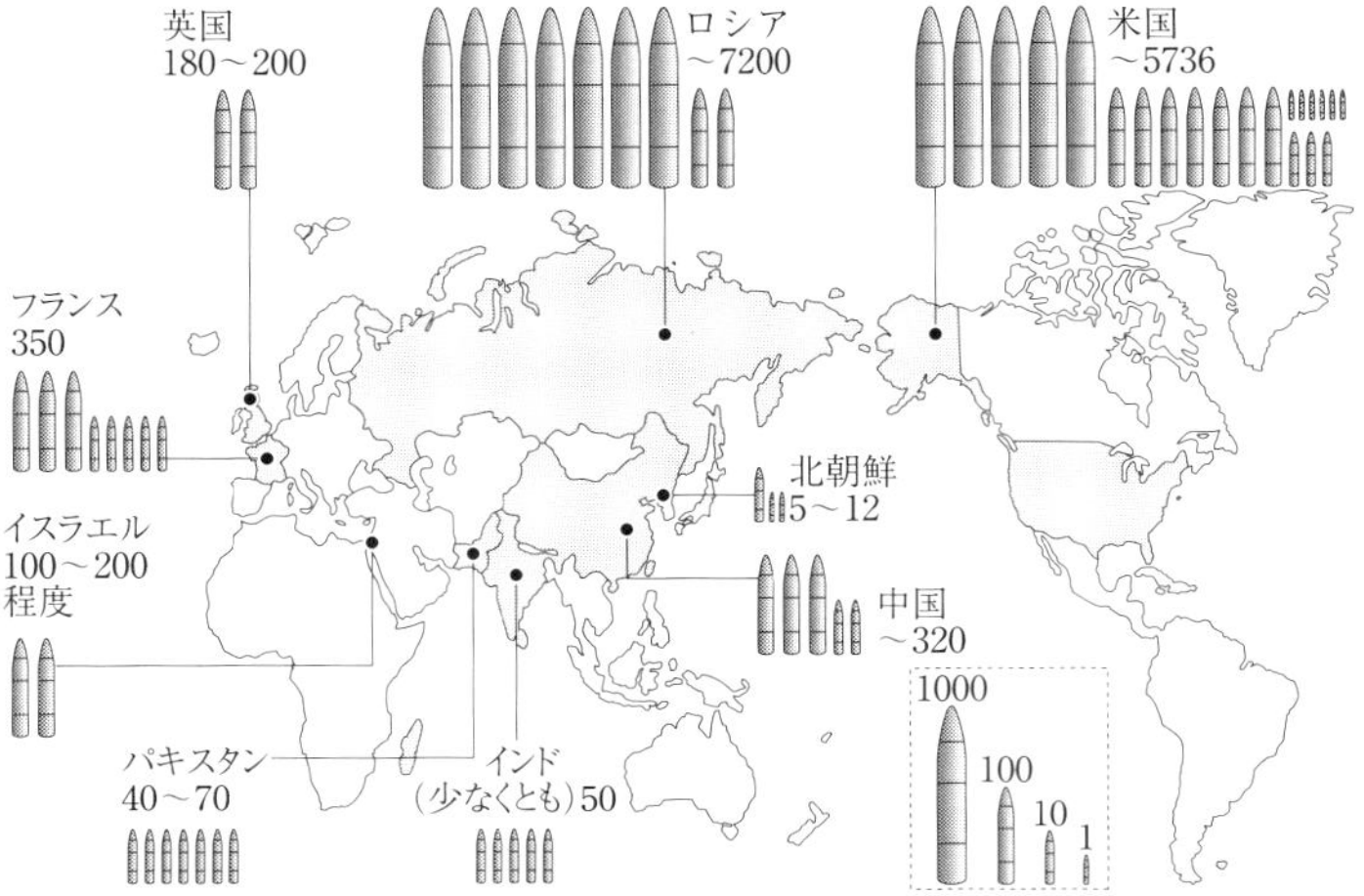

（注）　アメリカのシンクタンクの国防情報センター（CDI）による推定（07年4月末現在）。

ロシアとアメリカにはこのほか，廃棄予定や再配備できる形で貯蔵されている核兵器があり，それらを加えると合計2万6000発程度とされる。

北朝鮮の核兵器数は，兵器に転用できるプルトニウムによって製造可能な推定数量に基づく。正確な数は不明。

（出所）『朝日新聞』2007年8月10日。

にこころに固く誓うが、かれこれ二〇年も経過するとまた、戦いに向かってしまう。始まりの無意味さをも、終結のもっと無残な無意味さも何度も人類は学習する。しかし、なぜかその学習効果に染められたはずの精神構造に、必ずまた人は構造改革を施して、戦いに突入してしまうのである。

また、一つの集団の人口が増大するにつれ、相手の集団も増大する。そして相手にダメージを与えるツールの能力も限りなく増大することになる。それに対応するように、殺戮兵器効果が、疫病でこうむる死者数を限りなく凌駕する方向に向かう。今、数カ国で保有する核爆弾の数は地球上の人類を消し去る効果を十分に発揮することは、もう誰も認識する事実である。戦いについて人類は多くを学習した。しかし学習効果はその解決方向には必ずしも向かわない。それどころか、同じように人の心を殺戮し合う場面に引き連れてゆくのである。

第二次世界大戦まで生きた、アインシュタインもフロイトもそれぞれの立ち場で、何度もその人の心の幼稚さに立ち向かった。アインシュタインはその果てしない殺戮効果を持つ兵器の開発に加担したが、その後にはその保有を否定するに至り、核兵器を廃棄するデタント運動を起こしたが、途上で死去した。核を一度手にした人類は未だに捨て去ることがかなわぬままである。フロイトは、殺し合う人のこころの分析を進め、その解決策を持つ人間のあり方を追求したが、かなわぬうちにやはりこの世を去って逝った。

最近の日本には、フロイトのような人間の個人的心理を追求することに対し、集団になったときに成立する「集団の心理構造」を追求する社会心理学のアプローチで「戦争と平和」を論じる研究もある。「国家という集団の紛争が、どのようにして相対的な武力行使による公式の抗争に移行するのかを追求し、そのような過程が進行するのを食い止める手段を見つける」のが目標となるものである。

第一には、動機づけの学説で考える、フラストレーション理論で迫るものがある。例えば、集団の中に生成する複合的な欲求不満状況、つまり集団内部の要求水準と実現能力に不均衡が起き、実現能力に関する不満足なリーダーシップと、実現を阻む外的（相手集団）阻止事態の生起が伴うようなフラストレーション状態をきっかけに起きる場合の、分析である。この場合解決策は、欲求不満の成立を発見することから始めるが、フラストレーションの解消を別の平和的方法で実施することで戦いを回避できるとする。

第二には、社会的態度の学習理論を追求する方法である。例えば「戦争」「平和」「国際問題」「安全保障」「対他国観」などに関する態度測定を継続的に実施し、その複合的な社会的態度の学習実態や変化を追跡、態度形成の方向変容の可能性を追求ものである。戦いに向かっていると考えられる態度の方向転換や態度変容を、戦いとは別方向にどう促すかの集団の生き方（組織のあり方）にかける研究である。

第三には、二国間にフラストレーションや態度の問題意識を固定せず、多国間、つまり多国籍的な視野で危機的状況の認知を成立させる、状況認知構造の研究である。国際緊張の広域理解や対策理論、対策結果予測などにフラストレーションや態度分析をも包括的に取り込み、シミュレーション理論を活用するというものである。当然現在では各国の外交政策の基本理論ともなっているものだが、コンピュータ化され学際的な社会心理学的アプローチとして、今後もこのような分析理論が進展するはずである。

これらに伴う、世論研究やコミュニケーション理論の展開も当然のように繰り広げられ、研究の厚みも積み重ねられてきているとは言うものの、ここでも疫病などと同じように、最終的な場面にはまだ人類は到達できずにいることを、忘れることはできない。

人は何故戦うのか。長い長い歴史的解明の未達成課題であり、これまで理論的解明の入り口にも到達したことはない。ますます複雑で、大規模な戦いのこころを社会環境の中に入り組ませていくばかりである。唯一の社会的動物・人間は自らの認識世界の中におぼれるもののように、あがき苦しみながら殺戮の自己展開を、より大規模により巧妙に実行し続ける存在として生きている。

ここで殺戮に向かう行動の原理が、集団の中に起こる理由と課題を、脈絡を気にせず提示するならば次のようなことである。

①**殺人行為がヒーローになる矛盾追求科学**：戦争が起きてしまえば、相手の兵士を多く殺戮すればするほど、褒めたたえ、勲章を授けヒーローにすることが誰も不思議に思わないのは何故なのか。もう一度その社会規範の心理学的追求から始める問題認識も大切である。

②**繰り返す集団殺人行動の謎**：国家間に限らず内戦などによる派閥的抗争や、宗教などのような社会的動機づけの違いで起こる集団間の集団殺戮が何故、自然発生的かのごとくに次々と生起するのか。集団の態度と集団の種類

の追求が課題としてもっと取り上げられること、が重要である。

③**悲惨さを忘れたときに起こる集団闘争心の謎**：人間の行動理論に忘却という人間の反記憶システムに関係する謎の追求も、忘れてはいけない心理学的課題の一つとなる。記憶のシステムや忘却のシステムが解明されるのと同時に、殺人の悲惨さというレベルで記憶からなくなったり、生まれてから経験したことのない場合、どうして殺人を犯す可能性を否定できないのか。人類の集団行動理論を追求することと、個人の持つ動機づけの謎をも改めて追求する心理学的姿勢が重要だからである。

④**戦争の言葉と平和の言葉**：戦争という事態を含む情報の頻繁な学習と、平和という事態を標榜する情報の頻繁な学習の教育効果などは、どのように集団行動の殺戮否定の心構えを作ることができるのか。概念を持った言語コミュニケーションの学習効果理論をこのような用語で徹底した研究は可能なのかどうかである。

このように人類は、様々な場面で終末的様相を見ることが多く、それに取り組む理論展開も支離滅裂である。果たして人類は戦いのない理想の人間社会を達成出きるのであろうか。結果的に悲観論が現代社会を飲み込んでいるように見えることが多い。

しかし、悲観的になるばかりでは、人類の将来に意味がない。例えば、先に述べた第一、第二、第三の未熟であったかもしれない対応理論の積み上げが進んだ結果として、あるいは突然コペルニクス的転回で第四、第五の理論が生まれ、「何だ！　こんな簡単な意識転換で人間が戦いをやめることができたのか」というノウハウを発見するかもしれないのである。いやきっとそうに違いないと信じることが、今後の人類の存続を決定するのに違いない。人類は取りも直さず、これらのあり方をこれまでの様々な学習で体得し、そのことを認識するところには到達しているはずである。だからこのことがすでに、戦いの解決策に向かう能力を持ったということに、結論的なよりどころを得たいと考えるのはあまりにも楽観的だろうか。

3　子孫の生命と地球環境――地球に生きる人類の宇宙観

人間の持つ「戦わない世界」というアイデアの楽観的傾向と悲観的傾向について言うならば、今どうしても挙げておかねばならない課題は、もはや人類は、これまでの人間の死や、自分たち自身が迎えるかもしれない死を分析できればそれでよい、というものではないことに触れる必要がある。それは、産業革命以来、生産規模、廃棄規模、輸送規模、企業規模、都市規模など、何もかもが大規模となったが、そこに発生する災害や事故ばかりでなく、殺戮までも次第に大規模になったこととが、底辺で一致している事態についてである。

集団の大規模化と同時に殺戮ツールの大規模化が進展するのと同じく、人間の経済活動が創造を越えるほど大規模になってきて、そのために利用されるエネルギー燃焼の廃棄物が、地球の復元力を上回ってしまった。つまり、アークライトによる水力紡績機の発明をベースに、ジェームズ・ワット（Watt, James, 1736–1819）の発明（一七八二年）による蒸気機関の活用以来の産業社会は、重工業の発展をも促し、コークス炭の利用から石油など大量の化石燃料を二百数十年使い続ける（これまでの地球文明を考えればわずか二百数十年なのだが）ことにより、それまで支えられてきた現代文明が、地球の持つ自然力による環境サイクルを、破壊してしまうことを認識するに至ったことである。このことは、自分たち自身の時代にことが起こり、ことを解決することができるというよりは、まだ見たこともない子孫たちのために、今何をしておかなければならないかという、将来の人類全体の生死に関する課題としての学習をしたのである。

人類は初め、自分たちの経済活動の「成長の限界」としてこれらのことを学習した。これは一九七〇年にイタリアのオリベッティ社の副社長であるアウレリオ・ペッチェイや日本の大来佐武郎らによって設立されたスイスの法

図12-3　気候変動に関する政府間パネル（IPCC）の出した気温上昇予測

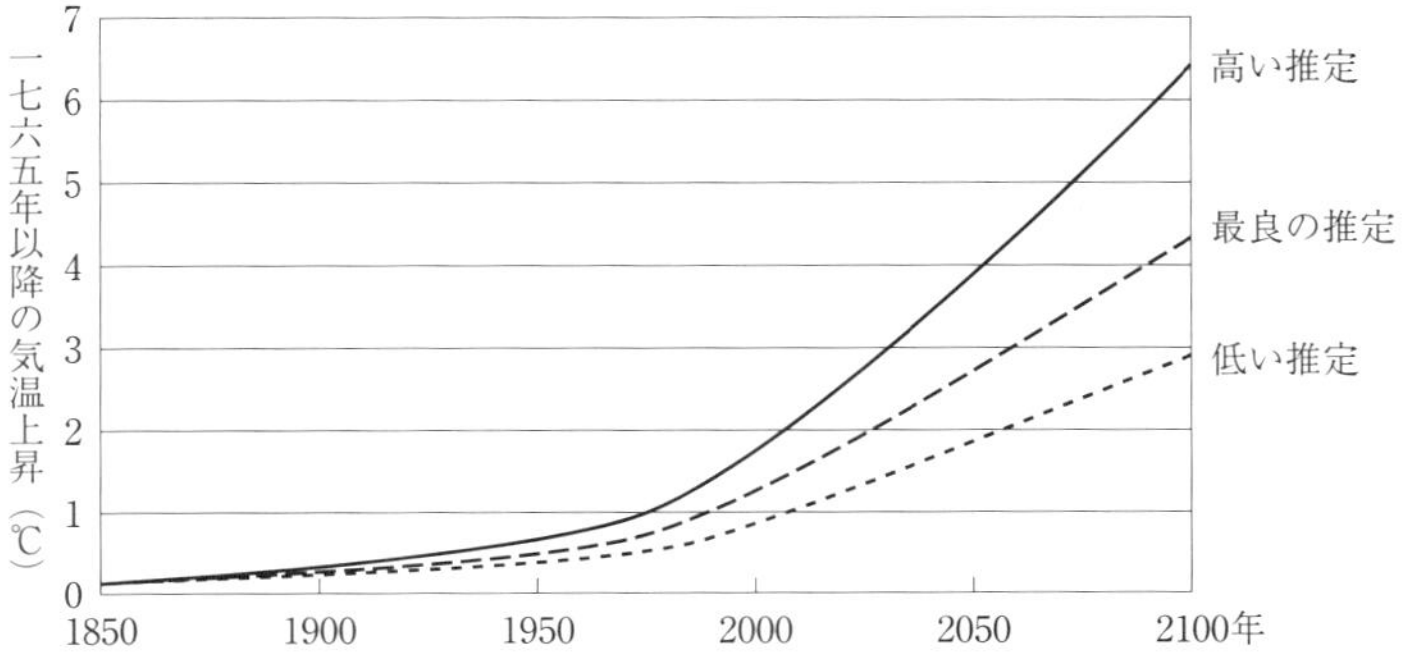

人国際組織「ローマクラブ」が、行き過ぎた科学技術展開による人口の増大、環境汚染、資源の枯渇などが、人類の危機をもたらすという研究を推進、一九七一年にマサチューセッツ工科大学のデニス・メドウスを主査とする国際チームの研究成果を、その名「成長の限界」で発表したものである。ここではまだ地球の気候変動による生存の危機までの認識はなかった。

その一〇年後一九八〇年にアメリカ政府の環境問題委員会と国務省で実施した「世界の人口、資源、環境の変化」についての発表「西暦二〇〇〇年の地球」でも、まだ温暖化による気候変動には焦点が当てられていなかった。温暖化よりはむしろ太陽の黒点活動に求められる「寒冷化」の意見が強くあったようである。その結果シミュレーションには①著しい寒冷化、②緩やかな寒冷化、③過去三〇年並、④緩やかな温暖化、⑤著しい温暖化という五つのシナリオが並記されるほどであったという。二一世紀に入ってからの地球環境意識の中に温暖化が進行しているという理論を否定する人はいないが、そのわずか二〇年前には、人類はまだ迷うほどであったことは注目に値する。

現在では地球温暖化対策を抜きにして、環境保全問題を語る人はいないが、人類は人間が求める「成長の限界」を意識し始めたときをスタートとして「地球の限界」を学習し、子孫のために「死をもたらす危機的地球」の能力を知ることになったのである。単に「美しい地球を残そう」という程度の親切心で片付けられるという認識ではない。「生物の死に結びつくことのない健全な地球を残す」という意識が、二〇世紀の終わり一〇年ほどの間に起こったと言ってもいいかもしれない。

もちろん、「成長の限界」以来、地球環境の問題意識は気候変動つまり、化石燃料の燃焼の結果排出する二酸化炭素が地球の温室効果を高め（メタンやフロンも同じく温室効果に貢献するというデータもあるが、排出量はそれほどではない）、①温暖化を促進する、ということだけに向けられているのではない。自動車の排ガスなどによるＳＯｘ（硫化酸化物）やＮＯｘ（窒素酸化物）の空中浮遊による②酸性雨、の問題も地球環境問題の一つである。他に、森林の開発などによる③砂漠化、やフロンの排出による④オゾン層の破壊、にも問題意識は展開する。

しかし、何といっても地球環境問題は、④のオゾン層の破壊も南極近隣国に紫外線の異常照射があり、皮膚癌により死者が出るという現実的な、死への対策が認識されるものも重視されるが、①の温暖化による気候変動の将来にわたる危機意識は、四つの問題意識のうちで群を抜くものとなっている。水中に没する島嶼諸島や沿岸都市、水産・農業（食糧危機）への影響、想定外の疫病の流行など、眼に見えるものや見えないものへの恐怖が、そこには含まれるからである。

人類は、まだそれでも二酸化炭素の排出は止められない。一九七九年二月歴史上初めて世界機構会議が開催されたが、これは一九七二年ソ連、インド、アフリカなどで同時に旱魃があり、これによる食糧危機に陥った経験を踏まえた分析研究が進み、世界の炭酸ガス濃度の増加が異常気象に関係していることを認識したからであった。その後温暖化の予想を含め、一九九一年二月にはＩＰＣＣ（気候変動枠組み条約・政府間パネル）がワシントンで開かれた。一方その一九九一年六月には中国が中心になり四一カ国の途上国が決議し、「北京宣言」として、炭酸ガス濃度対策は、それまで豊かになるために化石エネルギーを使用した先進国、つまりＩＰＣＣ参加国がやればいいと発表した。その後五年の間にＩＰＣＣは一一回の会議が開催され、一九九五年三月に具体的な行動計画作りがＣＯＰ（気候変動枠組み条約・締約国会議）に移り、その第三回目ＩＰＣＣ3が一九九七年一二月京都で開かれた。そ

図12-4　国内の温室効果ガス排出量

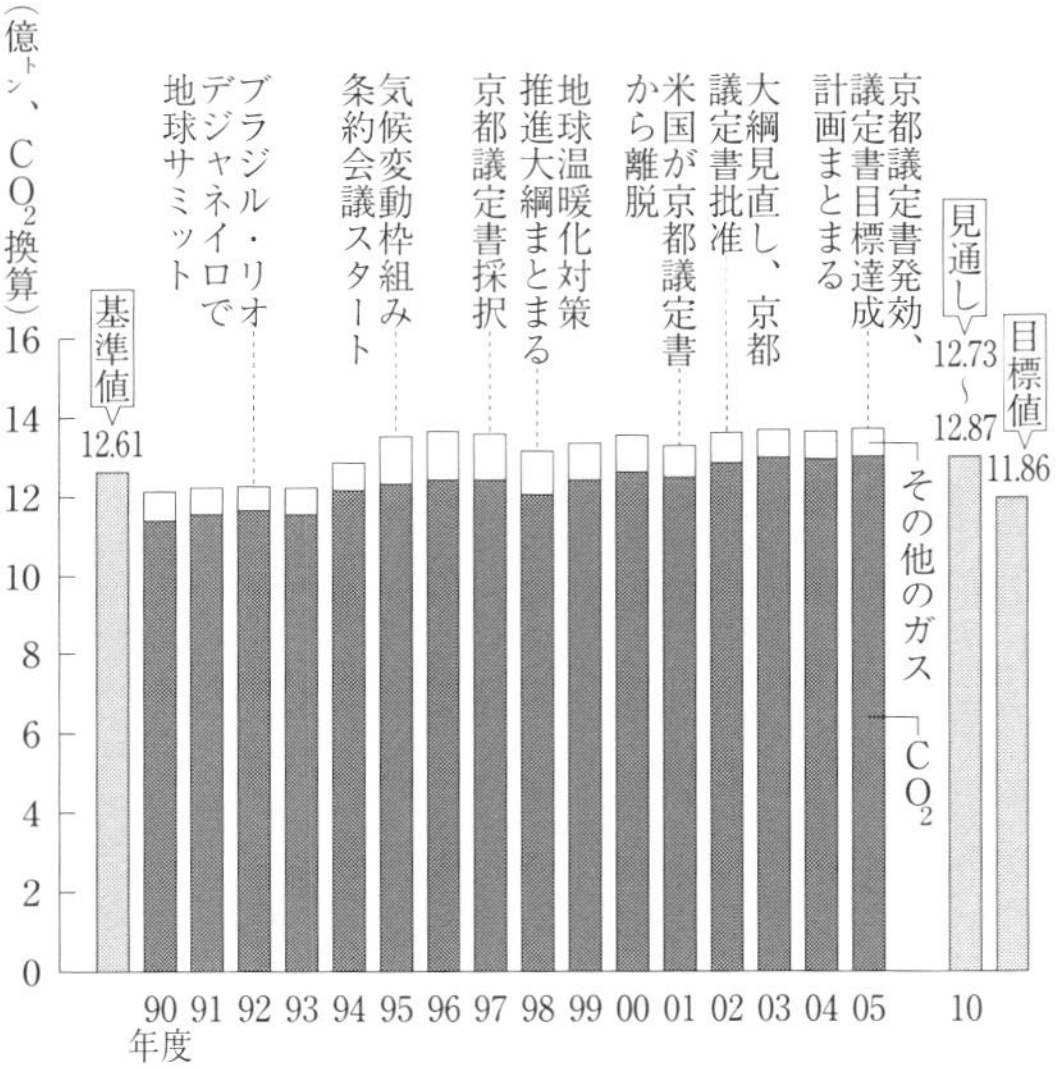

（注）温室効果ガスのうち，代替フロン類と六フッ化硫黄は95年度の排出量が基準となるため，90～94年度のグラフにはこれらのガスの排出量は含まれていない。

（出所）『朝日新聞』2007年８月11日。

のとき（京都）議定書が先進国間で採択されたという歴史があるが、途上国は参加していない。二〇〇八年の洞爺湖サミットでも途上国は基本的に、先進国の加害性と途上国の被害性についての主張を変えるところはない。

まだ人類が足並みをそろえて対策を考えるところにはいかないのである。結局は途上国も共同で取り組まなければ、自らの首を真綿で絞めるような結果になることを容認できないという、先進国の自己欲望の追求態度への執着以外には社会行動心理は働かないことになる。殺戮が自己集団の自己繁栄を求めるこころの成立を背景に実行される人間行動であるなら、この宇宙的自殺行為に他集団をも巻き込む結果につながることは、他集団にとってはどうしようもないことになるようなこともある。それだけではない。二〇〇七年炭酸ガス世界最大排出量のアメリカが、京都議定書の締約国とは別行動を取っていたこともさ

図12-5　世界の原子力発電開発の現状

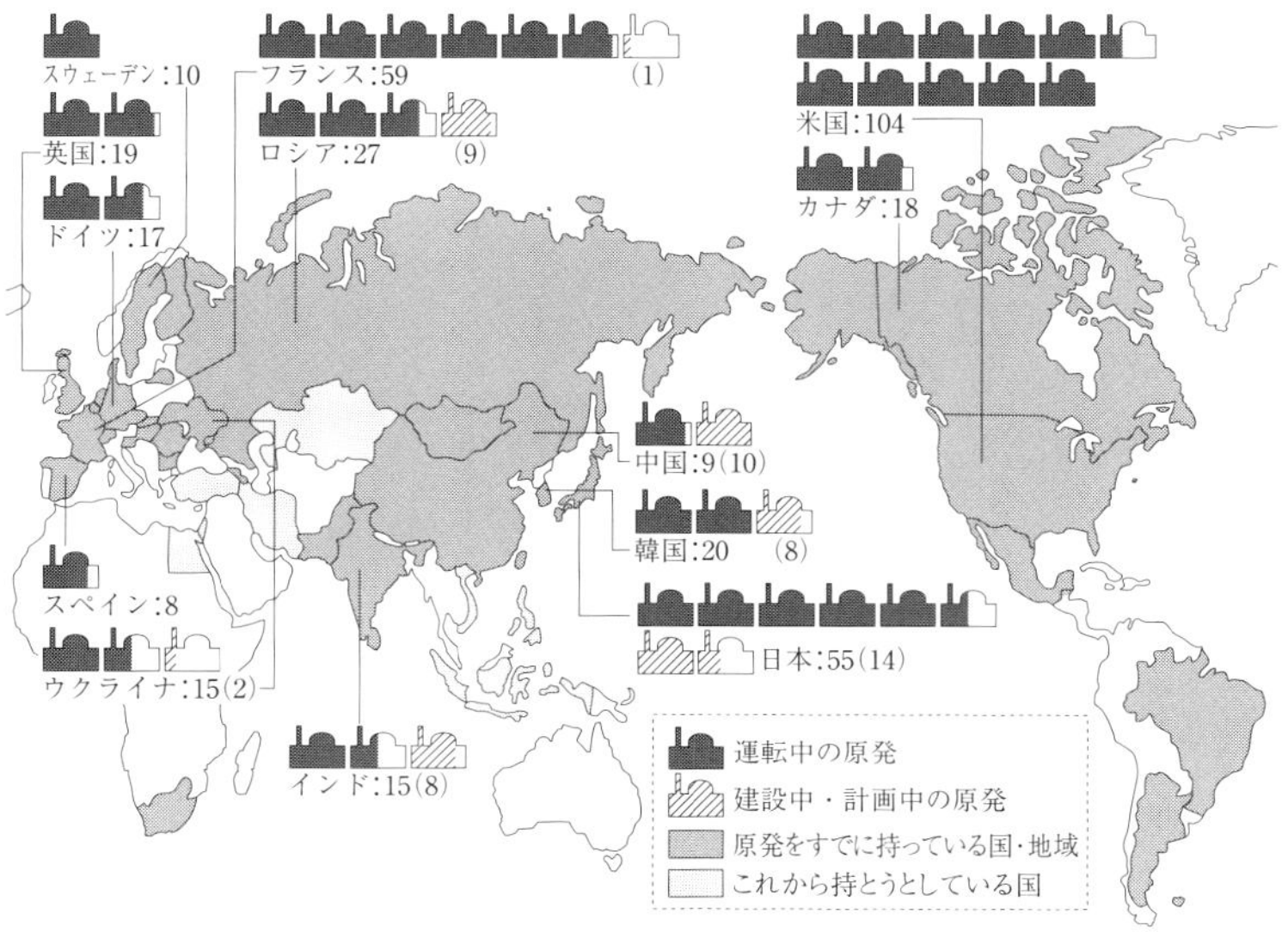

（資料）　数字は原発の基数。日本原子力産業協会の資料などから。
（出所）　『朝日新聞』2007年8月3日。

ることながら、その他の先進諸国も決して排出量の削減方向が見えていないのである。

　したがって、まだ人類は地球環境問題の課題を解決する道を見つけていないまま、現実の気候変動を年を追って実感する異常気象を体験する、心理的ムードに包み込まれてゆく方向にある。炭素税や新エネルギー開発への補助金対策、また産業場面から個人の生活場面に至る循環型社会（省資源・省エネルギーの実践としての）を標榜し、行動に移す社会集団（国・地方・都市・町・村など）も見られるようになってはいる。しかし、炭酸ガス排出傾向の削減実態は、とてもその目標には及びもつかないものであることの認識も強い。太陽系に唯一生命体が住む地球上での、代表的存在である人間の認識としては、初めて自らの集団的行為（科学技術を伴う産業の展開）の結果、地球の自然復元能力を破壊するようなことになったことにも、気がついているとは言えない状況にある。加害者認識も乏しいのである。自分たちの眼の前の異常さは、それほどでもないことが理由なのだろうか。集団で将来の子孫のために残す環境管理といった、史上初めての経験にも新しい心構えや、集団思考ノウハウを求めることもできていないと言ってもいいのかもしれない。

驚くべきことには、大量殺戮のために開発した技術を平和利用に転換、その管理技術はミスが一切許せない運用の中で、綱渡り的に取り扱う原子力発電の展開で、炭酸ガス排出を抑制するエネルギー対策を進めることになっている。むしろ、環境のためには積極的に活用する意識構造が成立しつつあるのである。それならば、この綱渡り的技術活用の実態を、一〇〇%安全な技術のバックアップに持ち込むことが望まれるところである。せめていち早い安全技術の展開・確保のため、国際的な共同研究体制と資金の投資が必要ではないか。思い切って、世界的原子力管理機構が国際的に成立し、例えば国連活動の主要対応テーマに展開する。つまり原子力発電も原子爆弾も同時に国連管理にしてしまうのがよいのではないだろうか。これら数々の死を学習する経験の積み重ねによって、社会的効果を発揮させる人類の知恵は、先の大戦で使用された兵器による大量殺戮の「死の恐怖」を取り去る解決策のためにも、ここで述べる地球環境保全のため、現在所有する核兵器技術放棄の政治的展開で、解決可能な現実的課題展開としても、何らかの答えをもたらすことになる。さらに最後に述べた提案は二兎を得る発想とならないだろうか。

新しい発想で、地球と世界を志向する人間哲学の成立なしには、もはや人類の持続的存在は非常に危ういモノとなることを、人類は、それぞれが所属する集団の中で、しっかり学習したはずなのである。

第13章 死を排除する安全社会の行動科学

1　死の排除を目的とする安全学の登場

安全社会の成立を目指すようになった現代社会の様相を考えるとき、最も重要なポイントは、本来予定されない死をできるだけ排除することで安全が確保されることを、最大の目標にするようになったことである。本来予定されていない死というのは、戦争を含め、自然災害、あるいは人災、つまり交通機関の事故や、産業活動による事故、また日常生活での産業製品による事故、当然医療事故も含まれることになる。特に現代社会の様相には、一八世紀から人類史上初めて歩む二つの世界的な大きな流れの中で、安全意識も多様な課題を抱えてきたことに気がつかない人はいないだろう。

一つは自由と平等、そして主権在民という論理展開のもとに、それまでの支配と隷属の社会関係を、時間のずれはかなりあるが、様々な形で乗り越え、確保しつつある精神的国家社会の成立の流れである。早くからその民主的社会を確保した国家による隷属関係から、二世紀もかけてやっと手にした自らの民主社会国家もあり、矛盾も抱えながら人類は、地球上の広いエリアにその波が寄せるのを受け止めてきた。フランス革命（一七八九年）やアメリカの独立宣言（一七七六年）の理論的下敷きとなっホッブズ（Hobbes, Thomas, 1588-1679）やロック（Locke, John, 1632-1704）、ルソー（Rausseau, Jean-Jacques, 1712-1778）らの「社会契約論」思想は、当然わが国にも影響を与えるに至った。東洋のルソーと言われる中江兆民（一八四七―一九〇一）や、その支援者板垣退助（一八三七―一九一九）らの登場によって自由民権社会の道をたどり、少々の曲折はあったが一九四五年には、その波に乗ることになった。まだ六十数年前のことである。そこでは自由や平等のほかに、個人は「生命の安全と幸福」を確保するためならば、その都度政府を作り変えてもよいとまで考える、ロックの思想もあった。しかしルソーの『社会契約論』第二編五章にあるように、「政府が国家のために死ねといえば、市民は死ななければならない」つまり、国家から安全を保障されて生きてきたからには、その国家のために死ぬのは当然というものもあった。日本の戦争経験中には、このルソーの考えもかなり強く働いていた人が多いと言えるだろう。安全な生き方につながるはずの自由や平等の実現が、逆に最も危険で計画的な死を、これからという若者に強いた残酷極まりない社会集団に化けたこともあるからである。

二つ目は、産業革命という物質的国家社会基盤を成立させる流れである。産業社会が世界的に展開し、労働力の機械化が大量生産、大量販売、大量消費、大量廃棄の形で留まるところなく、地球上を支配することになったことは、様々な課題を社会的にもたらし、その結果としての日常生活の安全確保はさらなる問題を演出する。生産場面における事故の可能性も、交通機関の大型化による安全被害の規模の大きさも、日常生活での産業製品による事故の頻度も、医療事故の頻度も、何もかも大型化、高確率化することになったことを見逃すことはできない。

精神的安全も物質的安全も、その処方箋確保の可能性としては加速度的に現代社会に充満する様相を示しているのである。したがって、その襲い来る（死に至る）危険を排除することは、モノや精神的な充足感とともに、次のステップとして安全社会の課題意識が生まれてきたためなのではなく、現代社会の進展の結果、それに伴って発生する危険を取り払うために、危険排除の行動に取りかかろうというのが現実なのである。むしろ過去に犯した行動の修正として生まれたのが、安全社会を目指す「安全学」の登場を余儀なくしたと言ってよいことになる。

ところで、「安全」という文字の意味は「危険の無い安らかなこと・平穏無事（広辞苑）」とされるが、並べてよく使われる「安心」も、「心配、不安の無い心の安らぐこと（広辞苑）」とされていて、前者は物理的に、後者は精神的に安らぐこととなる。したがって安全学の目標値は物理的、精神的安らぎを得るということであるが、英語に置き換えると、別の感覚も出て来る。安全や安心という日本語には、英語ではセーフティ（Safety）、セキュリティ（Security）が当てられるが、どちらか一方的に当てられるものではなく、どちらにもそれは当てられる。そして、セーフティは救済（セイヴ）された状態を言い、セキュリティは欠如を意味する接頭語のセとキュア（治療）やケア（介護）を意味する語の合成で出来たラテン語に由来するらしく、「ケアの必要ない状態」を言う。動物が生きてゆくことのできる本来の自然な姿を言うことになる。日本語の解釈では、危険のないことに重点が置かれるが、英語では、精神的には自由で平等に基づくことで、物理的には人間の本来的な姿だということになるようである。

そのあたりの論議も出てはいるが、日本で提唱されている「安全学」は安全・安心を目標とし、現代産業社会の果てに必要とされる、人間社会が作った自然との歪み修正的な状態を目指す〝学〟として見ようとしている。特にここでは日本における安全学のスタイルについてその動向を少し眺めてみよう。

一九九八年に出版された国際基督教大学の村上陽一郎の『安全学』（青土社）が注目を浴びて以来、話題は大きく展開した。二〇〇三年の『安全学の現在』（同）でも、「テロ、医療事故、自然災害、原子力、メディア・スクラム、モラル・ハザード……。文明の発展と引き換えに人類は様々なリスクを背負い込んだ。日常を取り巻く危険や不安に、我々はどのように対処していけばいいのか」を追求する姿勢で取り組まれている。

二〇〇六年に高月紘（石川県立大学）の「環境安全学」や、古くからある「安全工学」の分野からも、改めて安全学の構築が提案されるなど、技術開発や産業廃棄物などの環境破壊に伴う、産業社会文明が抱える危険の排除について、積極的に取り組むべき学際的展開の気運が大きくなっているのである。総合安全工学研究所の『セイフティエンジニアリング（No. 125）』に、明治大学の向殿政男博士は「安全学のすすめ」を提案している。そこでは現代社会の安全を実現するために、①事故などに見る、安全を脅かす原因と結果を追求し、②安全には費用を払い、資金を投入し、市場として育て、③安全技術や安全経済、安全文化を育て上げるという、安全への積極的な気運をもたらす〝安全学〟の構築を提案している。

そんな中、安全の捕らえ方を、〝学〟として一般的に通用するレベルに持ち込もうとすれば、村上陽一郎博士の「安全学」提示の方向性がまず重要な位置づけを示していると考えられる。つまり、安全と危険の基本的理論から、科学と価値観に裏打ちされた安全と文明の基本的な関係、つまり新しい「唯一解から複数解」への思考方法や、社会と安全に関わる安全概念の基礎づけ、個人の安全と社会の安全追求の二重構造解明などまで、幅広い理論の展開を必要としているからである。そこでは、結局人間の文明社会を突き詰めると、本来正の方向に働いてきたと考えられる「人間の欲望」追求の姿勢は、どれほど非自然的で非動物的か、言い換えれば人間がどれほど社会動物的であったかという認識に至ることになる。つまり「人間の欲望」追求の姿勢は、負の方向としての認識となり、その飽くなき「人間の欲望」を抑制する姿勢が「安全」の確保に、基本的な入り口を見出せるのではないか、ということろに到達することにも触れるからである。

さらにその後の安全学の議論の中で、「生存する権利」と「安全でいる権利」は本来両立するはずであるが、しばしば個人と社会との間には、場合によってはその安全と生存の間に深刻な軋轢や摩擦、矛盾の生じることにまで議論が進むようなことになり、安全も人間が対処する現象というよりは、人間の心が持つ心理学的捉え方そのものだという概念も見え隠れすることになった。

その難解さが少し「安全学」の急速展開を抑制しているところがあるのか、他方では、安全確保の処方箋的な環境安全学や、安全工学的な対処型をテーマとする「安全学」が登場しているということにも注目すべきであろう。さらには、失敗学や危険学、事故学等と言うように、やはり対処型のテーマで安全にアプローチしようとする〝学〟も現れているのである。

安全学の展開にも、失敗学の展開にも従来から、それらと同等の目標を持って成立してきた「危機管理論」が、改めて問い直される気運も見ることもできるようである。ここでは次に「失敗学」の展開とその意味を追求することにし、それに続いて、改めて「危機管理論」の持つ学際的展開への可能性について論じてみたい。人類の「死を排除する社会生活」の目標は、留まることなく様々に多方面に広がり、あるときは鋭角的な処方箋的アングルを目指すようにも見えることにも留意し、追求する姿勢で望むことにする。

2　死の失敗に学ぶ失敗学の経験応用学

失敗学は、安全を過去の経験に学び、同じような失敗を繰り返さないという一点に、課題意識を絞って安全を確保しようとする知識体系である。二〇〇二年に特定非営利活動法人「失敗学会」を設立した畑村洋太郎会長は、二〇〇五年『失敗学のすすめ』、（講談社）を著した。

そこには、人間の失敗は「責任を追及する」ことばかりに社会的姿勢が向けられるべきではなく、「原因究明」に眼を向け、失敗をどう受け止め、どう生かしていくかを追求することが「失敗学」の根幹であるとしている。「失敗は成功の母」をよく踏まえることだとする。そこで大切なことは①失敗の法則性を理解することに始まり、②失敗の要因を知る。そして③失敗が本当に致命的なものになる前に、未然に防止する術を覚えることであるとしている。

さらには、失敗を知識化するための出発点には「記述」が大切だとして、六項目の記述ポイントを示した。

① **事象**：何が失敗であったかを明確に記述する。

② **経過**：どのような経過をたどってそれが失敗に至ったかを記述する。途中の個人的心情や組織（管理する立場の人）の意見のありよう、相手の反応や社会的雰囲気まで、できるだけ詳細に記述しておく。

③ **原因**（推定原因）：どういう判断でその失敗に至る意思決定をしたかの推定を記述する。

④ **対処**：その失敗で被害を受けた人々には、どのような対処したかを記述する。

⑤ **総括**：失敗が予想されるとすれば、どんな配慮が必要であったか、反省点は何だったかなど、今後同じ失敗をもたらさないための重要ポイントを想起して記述する。

⑥ **知識化**：自分だけでなく他の人間集団に同じ過ちを犯さないようにするための情報として、何を整理して挙げて置くべきかを記述する。これは、失敗学の重要な伝達知識となる。

つまり、失敗を起こった結果に終わらせず、起こるに至った脈絡、あるいは経過などを明確に自分が掴み取ることが重要となる。しかる後に、その失敗の脈絡を「知識化」し、正しい伝達情報に纏め上げることで、失敗学の基本となる「伝達」「伝承」を達成する道を開くのである。

少し話はそれるが、畑中が、著書にもあるいは他のメディアにも、よく例に出して「失敗学」の必要性を説くきっかけにする「三陸海岸の大津波」を考えてみよう。

一八九六年（明治二九年）と一九三三年（昭和八年）に地震で起こった、二度にわたる津波の経験は、はっきり知識伝達がされている。一八九六年丘の上まで到達したその津波の位置に「大津波記念碑」が建っている。その津波では一晩で岩手県綾里村（現大船渡市三陸町綾里）全村民が亡くなったのをはじめ、被害のあった地域全体で合計二万二〇〇〇人がなくなったと記録がある。そのときの津波の最高値は三八メートルもあり、そこに碑が立っている。その碑には「高き住居は児孫に和楽　想え惨禍の大津波　此処より下に家を建てるな」とはっきり書かれ、知識伝達がされている。それにもかかわらず、現在ではそれより下に集落が出来ているという事実を見る。高い防波堤を造り、防波扉を開閉して、海と居住区を行き来する津波対策を

図13-1　JR西日本・福知山線脱線事故現場

採る地域もあるが、石碑の伝達事項を無視しているようなところに眼が向けられた。この地方には畑になる土地はほとんどないので、海岸に下りて海で生計を立てることになるが、それには毎日高いところに立てた家と、上り下りの往復は、最初は我慢できても、津波が来ないで長い月日が経つと、何時しか「戒めは風化」してしまって、石碑の下にも家が増えてしまったのではないか、と推定している。失敗は年月とともに風化しやすく、伝わらないことが起こりうる、というところにも注目点を当てているのである。先の六項目で知識化が完成し、「伝達に持ち込めば終わり」にならないことへの警鐘も「失敗学」の第七の重要項目だとの指摘ではないだろうか。人は失敗から学び、安全を確保する手順を手に入れても、まだそれを乗り越えるべき課題を抱える特性の中に生きているということになる。

死を排除する行動の科学を追求するというアングルで見た「失敗学」の課題として、さらに挙げておかなければならないのは、失敗がすべて大型化してきた現代社会の中での重要事項の背景には、必ずと言ってよいほど組織集団を抱えているということである。

津波のときのように集団（集落）に襲いかかる失敗の現実では、結局は個人に失敗の知識化伝達がされればよい。一人ひとりが認識し危険を回避、安全を確保すれば、全体が安全である。しかし現代社会における個人行動は組織行動にどこかでつながる性格を帯びていることを忘れるわけにはいかないのである。例えば、一〇〇人を超える死者を出した列車暴走脱線事故は、確かに運転手個人が、カーブでは出してはいけないスピードの二倍近い速さで運転し脱線転覆、脇のマンションに突っ込んだ（二〇〇五年JR西日本・尼崎）。それでは、これは運転手個人だけの失敗で、これだけの人数の人間の命を奪ったのだろうか。そうとは言い切れないのではないか。

そもそもこれだけの人数の命が、一人の運転手の肩にかかっているということ自体、組織行動なのである。鉄道会社という組織集団の一つの役割行動として運転手がその運行をその瞬間預かっていた。また、彼が脱線現場の前駅でオーバーランして余分な時間を費やしてしまった。その前の駅でも時間を遅らせていたので、車掌には運転本部にオーバーランについては、問題視するほどではないとの偽装報告をさせて、遅れを回復すべくぶっ飛ばしていた。運転は組織の中で実行されていたからである。

さらに、運転手は頻繁に遅れを出す運転をすることになると、〝日勤教育〟という特別な社内規範による〝しごき〟を経験しなければならない上、それは自分の将来の新幹線運転手という目標には大失点になるという、二重の組織的ストレスが襲いかかるものであった。典型的な組織に縛られた行動だったのである。その上に、カーブでは本来、運転手がどんなにスピードを上げても、自動的にスピードダウンが図られ、安全に走行するはずのＡＴＳ装置が鉄道会社（組織）によって装備されているべきであったし、すでに予定に入っていたというのに未設置であった（事故後に一カ月もしないで装備された）。これも組織行動の適切な装備配置が、時期を逸した運行運転の失敗と言ってよいものではなかったか、なども問われる組織的事態であった。

これだけの大雑把な勘定だけでも、五つの組織行動関連項目が挙げられるのである。つまり一昔前なら、運転手がスピードを出しすぎたということで、片付けられたかもしれない失敗は、組織行動の失敗に焦点が合わされることになれば以上のようなことになる。

畑中は、さらにこの鉄道会社の社会的経営姿勢から来る列車運行ダイヤの過密性を失敗の推定要因に挙げるが、その場合先の組織行動関連項目にいくつものプラス項目が挙げられることになる。この組織行動関連項目を失敗の知識化に持ち込む記述整理は非常に重要で難しいものになってしまうのである。

さらにこのダイヤの過密状況の実態は、経営者の意思決定によるものではありながら、背景には乗り換えの便利性を社会（客）が要求していたもので、それに応えたものではなかったのか、という問題もまた残る。社会（被害者）の側にも事故の原因となる力学的要因を認めなければならなくなるのだ。

図13-2　ストレスの階層モデル

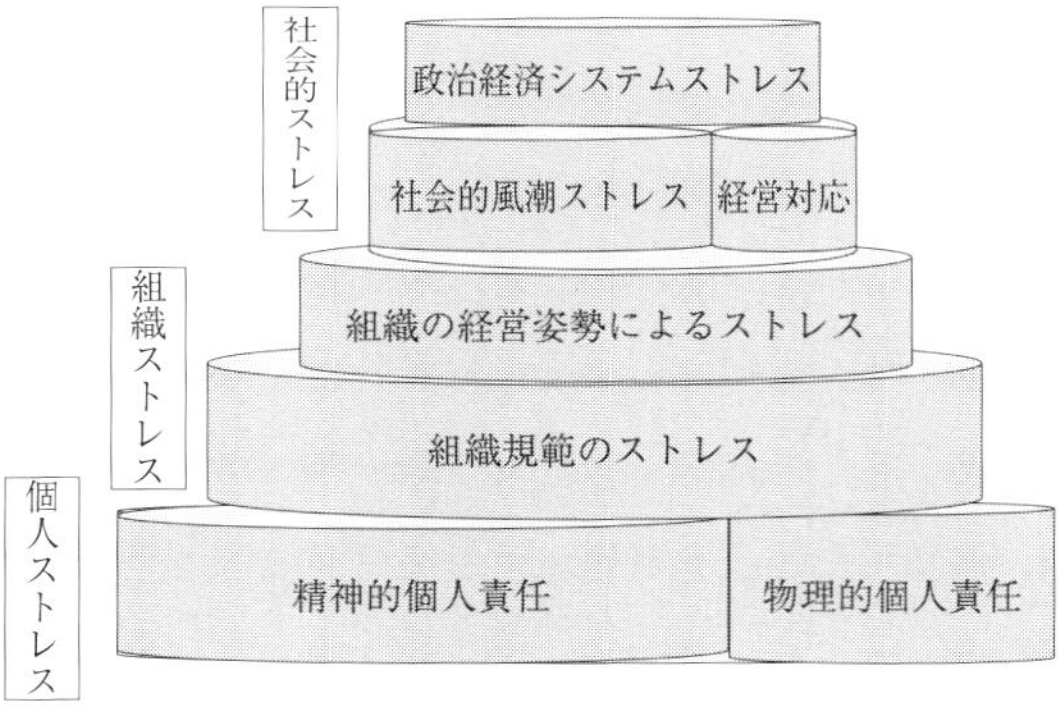

（注）個人の精神的責任には，組織的・社会的・政治的ストレスが，階層をなして，のしかかってくる。まずは組織ストレスの種類に目を向け，個人的失敗の総合分析を，組織的失敗に焦点をあてるのが失敗学の基礎。
（出所）筆者作成。

仮に、先述の六つの組織的失敗の対処の仕方まで整理記述できたとしよう。それなりに総合的な推定原因から対処までの記述、そして総括記述を経て「知識化」したものとする。しかし、それだけで失敗の知識が完成領域に達して伝達される状態になるかどうかが実は確信が持てないのである。だから、失敗学では、さらに社会システム的風潮の条件を挙げざるをえなくなったのであろう。

すなわち、経営組織が自ら目指した、管理体制から来る社内規範による失敗の問題点、組織独自の技術的安全システムの設置などを改善する知識化の体系を生み出すことができ、さらに、顧客満足を狙ったダイヤ過密状況も、それ自体は改善結果をもって「知識化」することにも至った、としてもである。そこで追求された顧客満足の背景にある便利さを要求する社会的風潮、つまり日本の社会に潜在する欲望追求型風潮が要因と推定される原因を追求改善する記述、つまり社会に潜む風潮の「知識化」が問題にされないことを憂えなければならないことになる。

もちろん、事故を起こしたのは個人である。個人がそのミスを犯さなければ事故は起こらなかったのである。しかしその組織人という着衣を着けた社会的人間は、個人の能力に組織の重荷、そしてその組織は社会の重荷を背負っている。個人は社会のすべてを投影するミラーボールのようなものだと言えるようである。繰り返すが、最終的には個人の失敗を促進する組織的・社会的ストレスがどの場合でも働いていることが重要なポイントだと言えるのだ。

ただ、この最後の社会的風潮にまで問題の認識を持ってくると、焦点を失敗に合わせようとした「失敗学」も、「安全学」で取り組みを始めようとしたことと同じことになる。つまり、鋭角的に「失敗に学ぶ安全社会の行動科学」に切り込んだ「失敗学」も、「安全学」が目指す「死を排除する安全社会の行動科学」と大きくオーバーラップすることになるのである。もちろんそれでよいのである。何も違わなければならない理由のないことにも注目したい。安全学、失敗学、危険学、危機管理論などすべてが、最終目的が、自然に反する「死を排除する安全社会の行動科学」であることには変わりないからである。

3　死の危機を克服する危機管理学の挑戦

さて広辞苑には、「安全学」も「失敗学」も見つけることはできないが、「危機管理」は二〇〇八年改訂版では大規模災害・事故への対応策の意味が強調されるものに変わっているが、それ以前は「事態が破局と収拾との分岐点にあるとき、安定・収拾の方へ対応策を操作すること」と説明がある。このことから分かるのは、安全学や失敗学が、過去の経験の分析や学習によって「危険」や「危機的状態」を避けたり、逃れたりすることが一つの処方的ポイントとするように見えたが、危機管理は積極的にリスクに立ち向かい、被害を最小限にし、最適な方法で安全な状態を復元する一連の体系的な行動を模索することにあると理解するのがよいようだ。

なお、危機管理はリスクマネジメントの訳で登場したと考えられるが、クライシスマネジメントの用法も同時にあり、リスクマネジメントに含まれる概念とされている。初めリスクの事前予防として使われたこともあったが、次第にリスクが破局状態に偏り、復元安定化の操作を必要とする事態に使われるようになった。どちらかと言うと広辞苑の意味はクライシスマネジメントに該当しそうである。つまり、リスクマネジメントはそれを包含する、予備的、計画的、緊急対処的で総合的な、危機に関わる一連の組織集団管理の体系的行動を指すことになっている。

したがってリスクマネジメントは、死の危機を排除する安全な社会を目的とするだけではなく、国家や、産業社会が作り出した人間社会の基礎構成単位である企業組織などの、安定した問題解決を常に作動させる免疫細胞的操作としてのノウハウでもある。国家的なものでは、一九六二年キューバ危機時のアメリカの国家有事対応の際使われたナショナル・クライシスマネジメント、また二〇〇一年九月一一日の同時多発テロのときの国家体制に使われたものが有名。また企業組織のものでも、同時多発テロ時以降に使われたアメリカ企業のコーポレイト・クライシスマネジメントが代表的で参考にされる。

そこでの国家的な対応は、インテリジェントコミュニティの情報技術の分析がまず注目されるものとなる。古くから存在するＦＢＩ（連邦捜査局）やＣＩＡ（中央情報局）、ＤＩＡ（国防情報局）、ＮＳＡ（国家安全保障局）など超組織の横断的組織のチームワークで、ＦＢＩに戦略情報運用センター（Stragetic Information Operations Center）を設置、稼働させている。一二時間交代で数百名の専門担当官が、三五の連邦政府組織から送られてくる情報を常時分析、毎日定期的に異分野の専門家と情報共有のためのブリーフィングも実施されているという。国家的リスクマネジメントの基本は情報分析であることがよく分かる。もちろんこれは死を排除し、安全を確保するための組織行動に通じることは間違いない。

企業組織の対応としてのリスクマネジメントは、現代の人間社会を成立させてきた産業化による産業システムや産業環境の中で、企業組織が生き残るための一連の行動計画として取り扱われることが多い。現代社会の成立基本が産業社会の進展から来るもので、企業組織は、その中で人の生き続ける生活基盤であるからには、企業組織を持続させることが、死の危機を排除する一連の人間の行動計画と見られることは当然であるが、突っ込んだ見方をするなら、死の危機排除意識からは少し遠巻きの、企業存在の競争原理に基づく、より良い経営のノウハウにしようとする傾向もある。

もともと産業革命以来人類は、産業社会の進展で地球上での生存展開の基本を確保する体制を整えたが、人間社会成立の基礎は、数万年の狩猟社会、数千年の農耕社会、そして数百年の産業社会への変化という、生活基盤体制だけのことではなかった。産業社会の大きな特徴は、企業組織集団という社会構成の単位を地球上に浸透させていったことである。だから、何らかの形で企業目的的な集団が出来上がり、その集団の存続志向が非常に強い仕組みになった。それまでの言語文化などをベースにした国家組織集団にも対抗すべき規模の、並存する有目的集団（例えば大規模国際企業など）が大きく登場定着してきたのでる。リスクマネジメントの着想もそのことを中心に成立してきた。

だから、リスクマネジメントは一連のステップを踏んでまず企業組織中心に、進められるのが一般的になっているがそれは、次のようである。

① **リスクの評価**：組織の人的資源、物的資源、収益に及ぼすリスクの洗い出し、またそれらのリスクが顕在化した時の損失などを評価する。それは保険契約などの決定、見直しなどにも通じる。

② **リスクの分析**：組織要素の破局状態によるインパクトの定性的、定量的分析がまず重要、次に収拾を必要とする場合の、収拾に必要な病理的機能、業務サービスの復元機能、復元に要する時間の分析などである。

③ **リスク対応設計**：破局・収拾状態の緊急時に必要な対応マニュアル、業務復旧マニュアルを設計する。マニュアル作成（補完マニュアル設計も）の基本である。

図13-3　リスク・マネジメントのステップ

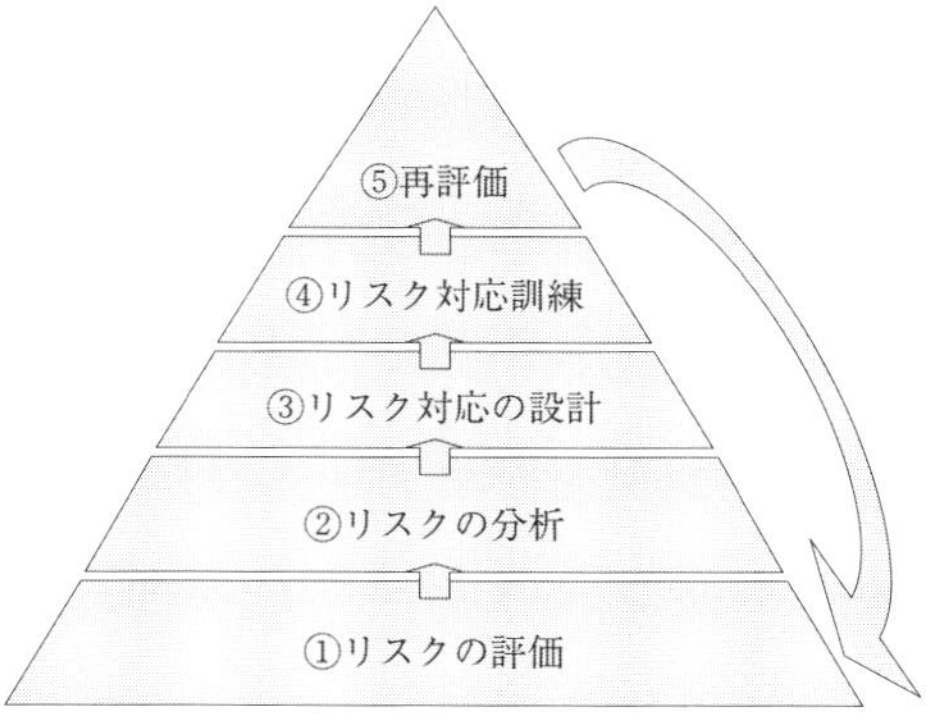

④ **リスク対応策訓練**：緊急事態を想定した訓練や研修スケジュールの設計・作成。対外組織との関連分析、訓練計画、訓練実行スケジュールの作成。

⑤ **リスク再評価再設計**：訓練実施後の組織やシステムの見直し、改善措置の実現。最近は特に、この再評価の段階で、不確実性に対応する再設計思想を取り入れ、①から⑤までのリピートステップを踏むことの必要性が強調されている。

これは明らかに、現代企業社会が持続的に展開することや、人間社会の安定的生活基盤の確保につながり、安全学や失敗学が目指そうとする死を排除する安全社会の達成目標と同じものを目指していることは認めてよい。しかし、安全学や失敗学が「死の排除」の意識が強く見える傾向があるのに対し、「危機管理理論」はどこか「生き方の研究」的要素の強い理論根拠に根ざしていると見ることもできる。

なぜなら、以上のような五つのステップは、一方では人間社会における組織集団の「意思決定理論」とほぼ通じるものと見ることができるからである。

一般的に意思決定の第一要因として挙げられるのは、①「意思決定のフレーミング」であることを考えてみよう。例えば、新規事業に取り組む組織集団や、既存の組織集団が戦略的に新規事業の展開を進めるような場合、組織集団自らのポテンシャル能力をよく知り、それに見合った市場のフレームを設計し、その範囲で最善の事業を手がけてゆく。

つまりこれは、リスク管理の第一要因「①評価」と同じ理論展開の根拠である。

意思決定論の第二要因はインテリジェンスの蒐集分析である。これはまたリスク管理の「②分析」と同じで、事業展開の意思決定をするには、フレームを決定するとまず、市場規模や事業環境、ライバル事業の展開と予定されている事業計画など、できるだけ詳細に②「情報を収集して分析」する。

リスク管理の「③設計」と同じく、意思決定論でも③「事業計画を設計」するというステップに進むのである。意思決定理論でよく話題にされる、期待理論、達成動機理論、公正理論などの理論検討は、この②と③のいずれか、またはその途上で検討される。

以下同様「④訓練」に対応するのは④「テストマーケット」の実施である。「⑤再評価」も同様、⑤テストマーケットのデータ分析や追加インテリジェンスなどで、「評価し直し」の後、「シナリオプランの再設計」で実行という意思決定に到達する。

こうしてみると、リスク管理論が、危険の排除や死の排除を背景にしているとしても、如何にうまく生きるかに傾斜した理論をその基本としているのは、アルフォンス・デーケンの「死の訓練」が「如何に生きるか」という哲学に移行してゆくのにも似た理論移行があるではないだろうか。

人間の生命や生活は、その「安全の保持」を追求する理論が、「如何にうまく生きるか」という理論の方向に移行・進展することに何度も突き当たることの、繰り返しであるのは不思議と言えば不思議なことである。これはまだ人類はどのように生きるかという答えを持たずにいることの証明であるばかりではない、「死」のあり方も意味も、何もかも手探りのまま宇宙に存在していることの現れと言ってよい。

参考文献（五十音順）

『愛と死を見つめる対話』曽野綾子&アルフォンス・デーケン著、青萠社、二〇〇六年
『アヴェロンの野生児』ジャン・イタール著／古武弥正訳、牧書店、一九五二年
『安心社会から信頼社会へ』山岸俊夫著、中公新書、一九九九年
『安全学』村上陽一郎著、文芸春秋、二〇〇二年
『安全学の現在』村上陽一郎著、青土社、二〇〇三年
『安全風土の研究』糸魚川直祐ほか著、プレジデント社、二〇〇三年
『安楽死の出来る国』三井美奈著、新潮新書、二〇〇三年
『生きる意味の探究』グレン・ウィリストン&ジュディス・ジョンストン著／飯田史彦訳、徳間書店、一九九九年
『医療と福祉の経済システム』西村周三著、ちくま新書、一九九七年
『ヴァニシングポイント』奥山貴宏著、マガジンハウス、二〇〇五年
『宇宙の時、人間の時』伊藤直紀著、朝日新聞社、二〇〇〇年
『うつと自殺』筒井末春著、集英社、二〇〇四年
『姥捨山――故実と文学――』西沢茂二郎著、信濃路、一九七三年
NHK番組「知るを楽しむ」テキスト〈だから失敗は起こる〉二〇〇六年八月九月号
『ガイア』ローレンス・E・ジョセフ著／竹内均監修／高柳雄一訳、TBSブリタニカ、一九九三年
『会社で働くということ』森清著、岩波書店、一九九六年
「科学技術白書」文部科学省編、財務省印刷局、二〇〇一年
『学徒出陣』わだつみ会編、岩波書店、一九九三年
『環境リスク心理学』中谷内一也著、ナカニシヤ出版、二〇〇三年

『感性の起源』都甲潔著、中公新書、二〇〇四年
『きけわだつみの声』日本戦没学生記念会編、岩波文庫、一九八二年
『教育心理学』倉石精一ほか編著、新曜社、一九七一年、改訂版一九九四年
『教育心理学の理論と実践』中西信男ほか編著、日本文化科学社、一九八五年
『教育心理学』八田武志著、培風館、一九八七年
『空海・心の眼を開く』松永有慶著、大法輪閣書店、二〇〇二年
『空海上人伝』山本智教著、朱鷺書房、一九八二年
『空海入門』竹内信夫著、ちくま新書、一九九七年
『空海の起結――現象学的史学――』石田尚豊著、中央公論美術出版、二〇〇四年
『空海の風景を旅する』NHK取材班、中央公論新社、二〇〇二年
『空間・時間・復活』トマス・F・トランス著／小坂宣雄訳、ヨルダン社、一九八五年
『空間の謎・時間の謎』内井惣七著、中公新書、二〇〇六年
『経営産業心理学パースペクティブ』藤森立男ほか編、誠信書房、一九九四年
『月刊現代』講談社、二〇〇三年一〇月号
『健康・老化・寿命』黒木登志夫著、中公新書、二〇〇七年
『現代思想』一九九九年一〇月号、青土社
『現代人の攻撃性』福島章著、太陽出版、一九七四年
『現代日本の精神構造』見田宗介著、弘文社、一九六五年
『高齢社会何がどう変わるか』金子勇著、講談社新書、一九九五年
『国史大辞典』国史大辞典編纂委員会編、吉川弘文館、一九九一年
『心の起源』木下清一郎著、中公新書、二〇〇二年
『心の社会』マーヴィン・ミンスキー著／安西祐一郎訳、産業図書出版、一九九〇年
『心はあるのか』橋爪大三郎著、ちくま新書、二〇〇三年

『子どもの心』M・モンテッソーリ著／鼓常良訳、国土社、一九七一年
『子どもの発見』M・モンテッソーリ著／鼓常良訳、国土社、一九七一年
『子どもの発達』E・J・キバート著／村地俊二監訳／福嶋正和訳、同朋舎、一九八二年
『The 日本』梅棹忠夫ほか監修、講談社、一九八六年
『産業心理学』竹下隆著、日本福祉大学通信教育テキスト、二〇〇三年
『自我の起源』真木悠介著、岩波書店、二〇〇一年
『時間を哲学する』中島義道著、講談社現代新書、一九九六年
『死刑の全て』坂本敏夫著、文春文庫、二〇〇六年
『事故と心理』吉田信弥著、中公新書、二〇〇六年
『自殺について ほか四編』A・ショウペンハウエル著／斉藤信治訳、岩波文庫、一九五二年
『自殺の危険』高橋祥友著、金剛出版、一九九二年
『自殺予防』高橋祥友著、岩波新書、二〇〇六年
『死者に語る』副田義也著、ちくま新書、二〇〇三年
『死生観を問いなおす』広井良典著、ちくま新書、二〇〇一年
『失敗学のすすめ』畑村洋太郎著、講談社、二〇〇五年
『死とどう向き合うか』アルフォンス・デーケン著、日本放送出版協会、一九九六年
『死にゆく人のための医療』森岡恭彦著、日本放送出版協会、二〇〇三年
『死ぬ瞬間――死とその過程について――』エリザベス・キューブラー・ロス著／鈴木晶訳、中公文庫、二〇〇一年
『死ぬ瞬間の心理』ロバート・カステンバウム著／井上勝也訳、西村書店、二〇〇二年
『死ぬための教養』嵐山光三郎著、新潮新書、二〇〇三年
「死の意識調査」『社会心理学会論文集』竹下隆著、二〇〇七年
『死の壁』養老孟司著、新潮新書、二〇〇四年
『死の哲学』江川隆男著、河出書房新社、二〇〇五年

『死の予告』N・A・クリスタキス著／進藤雄三監訳、ミネルヴァ書房、二〇〇六年
『生涯青春』加藤日出男著、清流出版、二〇〇七年
『生涯発達の心理学』高橋恵子・波多野誼余夫著、岩波新書、一九九〇年
『「死」を子供に教える』宇都宮直子著、中公新書、二〇〇五年
『死をどう生きたか』日野原重明著、中央公論社、一九八三年
『死を見つめる美術史』小池寿子著、ちくま学芸文庫、二〇〇六年
『死を看取る医学』柏木哲夫著、NHKライブラリー、一九九七年
『人生の実力』柏木哲夫著、幻冬舎、二〇〇六年
『心理学史への招待』梅本尭夫ほか編著、サイエンス社、一九九四年
『心理学辞典』外林大作ほか編、誠信書房、一九九三年
『心理学事典』平凡社、一九八一年
『生死の作法』森清著、岩波アクティブ新書、二〇〇二年
『生と死を支える』柏木哲夫著、朝日新聞社、一九八三年
「生命科学と法哲学」『法律時報』米本昌平著、法律時報、一九八四年
『生命科学の世界』渡辺格著、NHKブックス、一九八六年
『生命潮流』ライアル・ワトソン著／木幡和枝ほか訳、工作舎、一九八一年
『生・老・病・死を考える一五章』庄司進一著、朝日新聞社、二〇〇三年
『世界の歴史1　人類の誕生』今西錦司著、河出書房、一九六八年
『世界の歴史4　ギリシャ』村田数之亮著、河出書房、一九六八年
『切腹』山本博文著、光文社新書、二〇〇三年
『ゼロリスク評価の心理学』中谷内一也著、ナカニシヤ出版、二〇〇四年
『戦国の女たち』司馬遼太郎著、PHP新書、二〇〇六年
『戦争と平和の社会心理学』日本社会心理学会編集、勁草書房、一九六七年

『ソクラテス（人と思想）』中野幸次著、清水書院、一九六七年
『曽根崎心中・冥途の飛脚』近松門左衛門作／祐田善雄校注、岩波書店、一九七七年
『「尊厳死」に尊厳はあるか』中島みち著、岩波新書、二〇〇七年
『地球・宇宙・そして人間』松井孝典著、徳間書店、一九八七年
『地球温暖化で何が起こるか』スティーヴン・シュナイダー著／田中正之訳、一九九八年
『地球温暖化の政治学』竹内啓二著、朝日選書、一九九八年
『地球温暖化を考える』宇沢弘文著、岩波新書、一九九五年
『地球温暖化を防ぐ』佐和隆光著、岩波新書、一九九七年
『地球環境報告』石弘之著、岩波新書、一九八八年
『地球と存在の哲学』オギュスタン・ベルク著／篠田勝英訳、ちくま新書、一九九六年
『茶の湯の歴史――千利休まで――』熊倉功夫著、朝日新聞社、一九九〇年
『忠臣蔵大全』勝部真長著、主婦と生活社、一九九八年
『二一世紀の地球環境』高橋浩一郎・岡本和人著、ＮＨＫブックス、一九八七年
『「日本疾病史」データベース化の試み』浜野潔論文、二〇〇七年
『日本人の精神構造に今なにが起っているか』河合雅雄著、講談社、一九八三年
『脳死・クローン・遺伝子治療』加藤尚武著、ＰＨＰ新書、一九九九年
『脳死論』水谷弘著、草思社、一九八六年
『芭蕉文集』富山泰校注、新潮社、一九七八年
『パンセ』Ｂ・パスカル著／田辺保訳、角川文庫、一九六八年
『人はなぜ働かなくてはならないのか』小浜逸郎著、洋泉社、二〇〇二年
『ヒンドゥー教』森本達雄著、中公新書、二〇〇三年
『福祉が変わる医療が変わる』大熊由紀子著、ぶどう社、一九九六年
『仏教・キリスト教　死に方生き方』玄侑宗久・鈴木秀子著、講談社＋α新書、二〇〇五年

『仏教入門』三枝充悳著、岩波新書、一九九〇年
『ブッダはなぜ子を捨てたか』山折哲雄著、集英社新書、二〇〇六年
『物理学と神』池内了著、集英社新書、二〇〇二年
『フロイト（人と思想）』鈴村金弥著、清水書院、一九六六年
『不老不死』大形徹著、講談社現代新書、一九九二年
『不老不死のサイエンス』三井洋司著、新潮社、二〇〇六年
『細川ガラシャ夫人』曽野綾子著、新潮新書、一九八六年
『マザーテレサ（人と思想）』和田町子著、清水書院、一九九四年
『麻薬・安楽死の最前線』平沢一郎著、東京書店、一九九六年
『マンダラの宇宙観』〈創造の世界〉第八四号、立川武蔵著、小学館、一九九二年
『三島由紀夫の美学講座』谷川渥編、ちくま文庫、二〇〇〇年
『三島由紀夫文学論集』虫明亜呂無編、講談社、一九七〇年
『三島由紀夫レター教室』三島由紀夫著、ちくま文庫、一九九一年
『虫のはなし』梅谷献二編著、技報堂出版、一九八五年
『モンテッソーリ・メソッド』〈世界教育学選集〉モンテッソーリ著／阿部真美子・白川蓉子訳、明治図書、一九七四年
『豊かな日本の病理』種村完司ほか著、青木書店、一九九一年
『余暇・娯楽研究基礎文献集』石川弘義監修、大空社、一九九〇年
『利休をとりまく女たち』曽野綾子著、新潮新書、一九八八年
『リスクマネジメントの心理学』岡本浩一ほか編著、新曜社、二〇〇三年
『老後を自立して』加藤恭子&ジョーン・ハーヴェイ著、ＮＨＫブックス、二〇〇一年
『労働時間の法的構造』荒木尚志著、有斐閣、一九九一年
『ロマンの人・徐福』奥野利雄著、学研奥野図書、一九九六年
『私の旅路』杉田信夫著、ミネルヴァ書房、一九九六年

おわりに

今回の本書の執筆途上、「死の訓練」を社会に広めようとして、早くから実践してこられたアルフォンス・デーケンさんが、日本の社会でそれを推進された理由を、曽野綾子女史との書簡集で見つけ、納得した。

第二次大戦時ドイツ・フランクフルトでイギリス軍の空襲を受けて、近くに住む同級生や、大勢の人たちを失った経験のあるデーケンさんは、敵国の軍隊あるいはパイロットは、とても許せるものではなかった。キリスト教国であったドイツで「汝の敵を愛しなさい」と教えられ、朝に夕に祈りに意識するが、相手を許す発想は戦時には通じないと感じた。そして終戦後、ドイツと同盟国の日本で、四〇〇年以上も前にデーケンさんを驚かせる事件があったことを知った。

それは、一五九七年長崎で二六人のキリシタンが秀吉により殉教させられたことだった。二六人のうち最年少の、わずか一二歳のルドビコ茨木少年が、大戦時のデーケンさんとほぼ同年であったことに衝撃を感じた。殺されてゆく見せしめ殉教者として、京都で左耳を切り取られて市中を引き回され、長崎まで後ろ手に縛られ連れて行かれ、そして磔《はりつけ》になった一二歳の少年。

大阪堺沖で難破したサン・フェリペ号事件をきっかけに、当時キリシタンの布教活動がスペインの植民地政策と一体だということを知った秀吉は、二四人のキリシタンを逮捕したが、その中に日本人のルドビコ茨木少年がいたからである。弱冠一二歳の少年は、隣で磔になった一三歳の少年アントニオとともに、喜んで天国への旅を、詩篇一一三編を歌って明るく死んでいったという記録がある。

天国への旅の意味を地の果てまで伝えたい、とするキリストの意向を重視するヨーロッパの人々にとって、デーケンさんが事件を知った二〇世紀にも極東の日本は地の果てを指していた。その日本に、まさに言われのない理由で殺された弱冠一二歳の少年が、喜んで死んでいった死に様は、衝撃的な日本人と日本の存在をデーケンさんの心に植え付けたというのである。

殉教のこころは殺そうとしている相手に怒りを感じたり、恨みを持ち、報復心を残すものではない。むしろ、殺してもらうこと、つまり死んで逝くことを、魂の長い旅路のうちこの一時的な現世から、次の安らぎの世界に送ってもらえると喜んで迎える。それが人間として理想の心構えであるとするデーケンさんにも、地の果ての日本で四一〇年も前に、実際にあった事件であることに感激した。デーケンさんの心には、まだ新約聖書の編纂もなく、キリスト教の教えを普及させる運動の初期段階にあったキリスト自身の磔の直後に、ステパノという運動家の殉教もあり、それがさらにキリストの「生き方の心構え」を民衆のこころへ伝播したことなども強く意識されていたのに違いない。

基本的な意味は違うが、死に報復心を伴わない「心構え」を背景に持つものは、他にも似たものがある。「腹切り」で実現する「殉死」のような赤穂浪士の死も、またガンジーの死も、その後に人間関係を持ち込ませないという点で、共通するのは報復を断ち切る「死の心構え」のようなものだったのではなかったか。社会的動物として当然の、人間関係にこだわる世界観の上に立つ死ではないからである。

現在ほど殉教の多い時代はないと報じる情報もある。中東発のイスラムの自爆行為などは、キリスト教に対抗するイスラム神への殉教と見る見方である。しかしそこには自らの死を極めているというのではなく、相手への死の報復を意図した自己犠牲である点では、人類の目標とする殺し合わない世界の実現に竿をさすもの、になっているところに問題があるのではないだろうか。このようなときこそ、ルドビコ茨木少年やガンジーのように無抵抗、無報復で、殺人行為の連鎖に止めを刺す行為として実行された「死の心構え」に学ぶべき精神的よりどころがあるのではないだろうか。何も殉教や腹切りを称えようというのではない。言われのない理由による大量の死や残虐な死が、自分たちの豊かになることだけを目標にする心の集団の存在で許されてしまう現代社会。地上に百億人もの人口を抱えようとしている現代人類社会で起きる大量死の機会の多さを見るにつけ、人間の関わりだからこそ断ち切りたい報復の連鎖について、考えさせられるものがないかと問いたいのである。

「死の心構え」の持ち方について考えるきっかけを作ろうと、「死の訓練」を提唱するアルフォンス・デーケンさんの狙いは、人類の将来を見据えているように思えてならない。

二〇〇八年二月古希を目前に　東京・多摩の自宅にて

竹下　隆

■著者略歴
竹下　隆（たけした　たかし）
1963年　大阪大学文学部哲学科卒業，三洋電機入社（98年定年退職）
1991年　シニアプラン開発機構委員
1993年　国際協力事業団鉱工業プロジェクト委員
1995年　関西学院大学講師
1998年　原子力安全システム研究所客員研究員，中央職業能力開発協会委員
2000年　日本福祉大学経済学部教授，現在に至る
主要著作
『人間の心と行動の科学』（単著：小林出版，2004年）
『心理学』（単著：日本福祉大学テキスト，2001年）
『産業心理学』（単著：日本福祉大学テキスト，2003年）
『沈黙の工場』（小説，単著：徳間書店，1995年，ペンネーム泉隆一）
『遠くない定年・近くない老後』（共著：ミネルヴァ書房，1995年）
『安心の探求』（共著：プレジデント社，2003年）

デス・エデュケーションのすすめ

2008年4月20日　初版第1刷発行
2013年2月20日　初版第4刷発行

著　者　竹下　隆
発行者　白石徳浩
発行所　有限会社　萌《きざす》　書　房
〒630-1242　奈良市大柳生町3619-1
TEL（0742）93-2234 / FAX 93-2235
［URL］http://www3.kcn.ne.jp/~kizasu-s
振替　00940-7-53629

印刷・製本　共同印刷工業・藤沢製本

ISBN978-4-86065-036-0